GUÉRISON

DE MADEMOISELLE

MARIE POIRIER

MÊME LIBRAIRIE

Les Enseignements de la reine du ciel, ou le mois de Marie consacré à l'étude et à la méditation de sa miséricordieuse apparition sur la montagne de la Salette, par M. l'abbé HILAIRE. Ouvrage dédié à Mgr l'évêque d'Angers. 1 vol. in-12.   2 fr.

La Semaine de Marie, méditations pour les fêtes de la sainte Vierge, par le P. MARIN DE BOYLESVE. In-32.   40 c.

Notre-Dame de Roc-Amadour, poésies historiques, par M. l'abbé LAYRAL. In-18.   1 fr. 50

Notre-Dame de la Salette, histoire de l'apparition, extraits des écrits de plusieurs évêques, etc. In-18, illustré.   15 c.

Le Mystère de la Salette, médité par M. l'abbé ED. BARTHE, chanoine de Rodez. Ouvrage approuvé par Mgr l'évêque de Grenoble. In-18.   1 fr.

Souvenirs et impressions d'un pèlerinage à la Salette, par M. BARTHE. In-18.   60 c.

Mois de Marie de la Salette, ou l'Apparition méditée sous forme d'exercice des mois de mai et de septembre, par M. l'abbé BOISSIN. 1 beau vol. in-18.   1 fr. 80

La Vierge à la Salette, histoire, discussion, pratiques, par M. l'abbé ROUQUETTE. In-18.   1 fr. 50

PARIS. — IMPRIMERIE DE E. MARTINET, RUE MIGNON, 2

GUÉRISON

DE MADEMOISELLE

MARIE POIRIER

DE SAINT-AUBIN DE TERREGATE

PUBLIÉE AVEC L'AUTORISATION

De Mgr l'Évêque de Coutances et d'Avranches

PAR

M. L'ABBÉ BARBÉ

VICAIRE D'ARGOUGES

SE VEND AU PROFIT D'UNE BONNE ŒUVRE

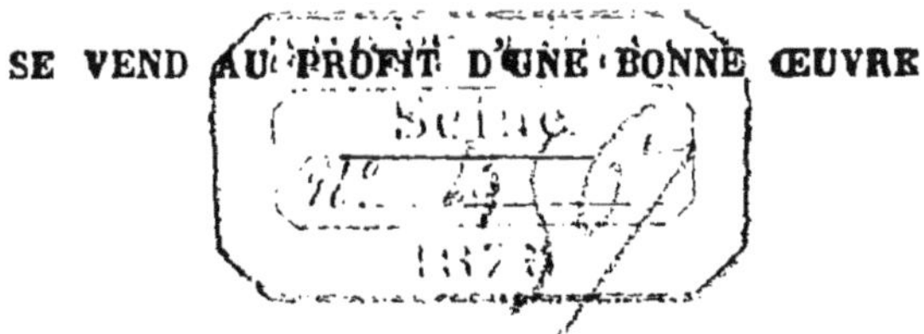

PARIS

LIBRAIRIE VICTOR SARLIT

RUE DE TOURNON, 15

1875

APPROBATION

Nous autorisons bien volontiers la publication d'un petit travail fait par M. l'abbé Barbé, vicaire à Argouges en notre diocèse, sur la guérison de la jeune Marie Poirier, Nous rappelant ce que nous dit l'Esprit-Saint : *Qu'il est honorable de découvrir et de publier les œuvres de Dieu.* Nous ne prononçons pas cependant sur le caractère de cette guérison ; mais il Nous serait difficile de ne pas y voir un acte de la puissance autant que de la bonté divine, quand Nous en considérons les circonstances, et que Nous comparons l'état de bonne santé dont jouit présentement cette jeune fille avec la triste situation où elle a été pendant de longues années et où Nous l'avons vue. Nous-même peu de temps avant son pèlerinage à la grotte de Lourdes.

Coutances, le 17 février 1875.

J. P.,

† Évêque de Coutances et d'Avranches.

GUÉRISON

DE MADEMOISELLE

MARIE POIRIER

Humilium et mansuetorum semper Tibi placuit deprecatio. »

La prière des humbles et des doux vous a toujours plu, ô Seigneur

JUDITH.

Depuis le jour où la Vierge Immaculée dit à la petite Bernadette : « Je désire voir du monde à ma Grotte », les habitants de Lourdes n'ont pas cessé d'aller en ce lieu béni réciter leur chapelet. Ils ne furent pas long-temps seuls ; le bruit des visions de la jeune bergère, se répandant au loin comme les coups du tonnerre, souleva tout le pays. On vint en foule se presser aux côtés de l'humble voyante ; mais quand Marie, pour récompenser l'empressement et la fidélité de ces re-ligieuses populations, eût fait jaillir sous les doigts de sa fille bien-aimée une fontaine miraculeuse, l'en-traînement n'eut plus de bornes, l'enthousiasme fut général ; tout le monde voulut boire et se laver à la source, comme l'avait ordonné l'Apparition. Tout à coup s'accomplissent les miracles les plus éclatants : les aveugles ouvrent les yeux à la lumière, les paralytiques sortent de leur lit, les boiteux marchent d'un pas affermi, les sourds entendent chanter le *Magnificat;* enfin les maladies les plus longues, les plus invétérées, les plus rebelles à la médecine, et même celles que la science a déclarées tout à fait incurables disparaissent subitement. A mesure que la Reine du ciel signale sa puissance par de nouveaux bienfaits, la foule croît toujours, descend des montagnes, quitte ses vallées, s'organise en magnifiques processions et marche vers la Grotte en chantant joyeusement les louanges de Marie.

Ces grandes manifestations de foi et de piété, ces guérisons prodigieuses, passant de bouche en bouche, traversent la France et le monde. A cette nouvelle tous les enfants de Marie se lèvent et se disent les uns aux autres, comme les bergers de Bethléem : « Passons, volons jusqu'à Lourdes et voyons les merveilles opérées par notre Mère du ciel. » Aussitôt ils forment ces beaux pèlerinages qui ont étonné notre siècle impie; ils accourent de tous les points de l'horizon aux pieds de Notre-Dame de Lourdes; ils viennent invoquer la Vierge apparue à la Grotte et demander

à la source miraculeuse la guérison de leurs maux;
ils viennent s'agenouiller devant ces roches célèbres
que la Mère de Dieu a sanctifiées en les touchant.
Leurs yeux ne se lassent point de considérer cette
Grotte autrefois si déserte, si sauvage et maintenant
visitée sans fin, vénérée à l'égal des sanctuaires les
plus renommés, éclairée de mille flambeaux. Les
visages, les attitudes témoignent d'un même respect,
attestent dans les âmes la même foi, la même confiance, le même amour. Tous les cœurs sont touchés...
La Vierge était là... Ils se figurent la voir et ils prient,
prient longtemps devant la blanche statue de l'Immaculée; mais souvent ils sont interrompus dans leurs
dévotions par les cris : Guéri! guéri! miracle!
miracle! vive Marie! vive Notre-Dame de Lourdes!
L'heure du départ a sonné, ils se prosternent une
dernière fois devant la célèbre Madone pour recevoir
sa bénédiction, lui disant non pas adieu, mais au revoir, et retournent dans leur pays aussi joyeux que
lés bergers de la Palestine, louant et glorifiant Dieu
de ce qu'ils ont vu et entendu. Ainsi durant six mois
de l'année, toutes les routes de Lourdes, la terre et la
mer, se couvrent de flots de pèlerins avides de contempler l'immortelle Grotte, jaloux d'enrichir de

leurs offrandes la splendide Basilique, glorieux de suspendre une bannière à ses voûtes et fiers d'en décorer les autels (1).

Pèlerin de la onzième heure, la Vierge Immaculée, malgré mon indignité, m'a traité comme un de ses enfants privilégiés, comme un des premiers rendus à son appel. Elle m'a fait goûter dans sa Grotte, dans sa basilique, des joies indicibles, de suaves consolations que la parole ne saurait exprimer et dont je garde le plus délicieux souvenir; mais ce que je n'aurais pas osé lui demander, Elle me l'a accordé au delà de toutes mes espérances; Elle a signalé sa puissance devant moi; elle m'a montré sa bonté en faisant des miracles sous mes yeux. Deux demoiselles paralysées depuis longtemps, parties, l'une des extrémités de la Franche-Comté, et l'autre des extrémités de la Normandie, se

---

(1) Les registres de l'administration des chemins de fer du Midi fournissent le chiffre officiel des pèlerins venus à Lourdes par des trains spéciaux, et une approximation facile permet de fixer le nombre de ceux des processions arrivées à pied des paroisses voisines.

En 1869	7900	pèlerins.
En 1870	24480	—
En 1871	10606	—
En 1872	179168	—
En 1873	140000	—

En 1874, depuis le 13 août jusqu'au 15 septembre seulement, *quarante-deux processions, quarante-deux mille pèlerins.*

sont rencontrées à la grotte de Lourdes le 8 octobre 1873, vers huit heures du matin, et ont obtenu la même faveur de leur auguste patronne. L'une de ces deux enfants privilégiées de Marie appartient à notre diocèse; c'est sa guérison que j'essayerai de raconter ici.

On m'accusera peut-être d'écrire trop tard et même de répéter des choses que tout le monde connaît. Je réponds que, jusqu'ici, on n'a fait qu'annoncer la guérison de mademoiselle Poirier. Il y a par conséquent bien des choses ignorées sur son infirmité, sur son pénible voyage, sur le mode de sa guérison, et enfin sur sa vie depuis le 8 octobre 1873 jusqu'à ce glorieux anniversaire 1874. Le lecteur, je l'espère, apprendra avec plaisir tous ces détails en parcourant cette narration. Je réponds en second lieu, avec les historiens, que si, pour bien écrire l'histoire, il faut attendre que le silence règne sur les faits que l'on raconte, pour rapporter des guérisons obtenues instantanément et sans aucun secours de l'art, il est sage et prudent de laisser le temps les confirmer, on en parle ensuite avec plus d'assurance.

En employant, comme tous les pèlerins, le mot miracle pour caractériser ces deux guérisons, je ne fais que me conformer à leurs sentiments. L'Église seule a le droit de déclarer le miracle, après ses graves informations. Son autorité mise à part et respectée dans sa souveraineté entière, il n'est pas humainement téméraire d'affirmer l'opération surnaturelle dans ces admirables guérisons; l'on peut dire hardiment pour toutes les deux qu'il y a grâce de la sainte Vierge. *Annuntiate inter gentes gloriam ejus, in omnibus populis Mirabilia ejus* « Annoncez aux nations la gloire de la Mère de Dieu; publiez ses *merveilles* chez tous les peuples de la terre (1). » En suivant ce conseil du prophète royal, je n'ambitionne d'autre gloire que celle d'inspirer à mes lecteurs un amour plus pur et plus vif envers Marie, je ne désire pour prix de mes loisirs qu'une bénédiction de Notre-Dame de Lourdes.

Mademoiselle Marie-Aimable Poirier naquit le 10 décembre 1850, au village du Fléchet, en la paroisse de Saint-Aubin-de-Terregate, canton de Saint-James, diocèse de Coutances. De six enfants qu'eut son père, dont trois garçons et trois filles, Marie est la deuxième dans l'ordre de la naissance et l'aînée des filles. Lucien Poirier et Marie Prime, son épouse, ont mis

____

(1) Ps. 95, 3.

tous leurs soins à élever cette petite famille dans la crainte de Dieu et la pratique de la vertu; aujourd'hui la conduite édifiante de chacun prouve que le Seigneur a béni leurs efforts.

Mademoiselle Marie Poirier a toujours été d'une santé délicate. Dès ses premières années, elle se distingua par une grande douceur et une admirable piété; chez ses parents, elle donnait en tout l'exemple à ses frères et sœurs.

A l'école, au catéchisme, elle fut toujours un modèle de sagesse, d'obéissance et de respect. Son travail et son attention lui méritèrent partout les premières places.

Une tendre dévotion à la sainte Vierge couronnait ses vertus naissantes. On comprend avec quelle complaisance dut venir se reposer, pour la première fois, dans un cœur si bien préparé, Celui qui fait ses délices d'habiter avec les enfants des hommes. Le bonheur suave dont le cœur de cette vertueuse enfant fut alors embaumé l'empêcha toujours de s'ouvrir entièrement aux fausses douceurs du monde, de les goûter sans remords : parfum de vie et de salut, que l'odeur exhalée par le vice est impuissante à effacer.

A l'âge de quinze ans, le lundi de Pâques, 2 avril

1866, Marie fut atteinte d'une maladie que les médecins appellent *angine tonsillaire*, bientôt suivie d'une fièvre typhoïde. « Pendant la longue durée de celle-ci, dit M. le docteur Cochet, la petite malade prit l'habitude de se pelotonner en quelque sorte sur elle-même, dans son lit; en sorte que, lorsque après bien des semaines, la convalescence survint enfin, on constata que les membres inférieurs étaient fortement fléchis, les jambes sur les cuisses et celles-ci sur le bassin. » Ce mieux dura peu, le mal revint bientôt et fit de rapides progrès; il ne devait lâcher sa victime que dans la Grotte de Lourdes, à la voix de Marie Immaculée.

« Depuis ma dernière visite, continue le docteur, » la situation de l'infirme est devenue de plus en plus » déplorable. Les membres inférieurs étaient telle» ment fléchis que les genoux étaient ramassés contre » la poitrine, et les talons, en quelque sorte, immo» bilisés sur les ischions. Tout écartement des angles » articulaires dans les régions déformées était de» venu impossible, et la malade, ne pouvant plus se » mouvoir, devait être transportée par quelqu'un » toutes les fois qu'il lui était nécessaire de changer » de place et même de position. La santé générale

» avait beaucoup souffert d'un pareil état de choses.
» Des douleurs sternales aiguës et incessantes fati-
» guaient jour et nuit la malade, en même temps que
» des vomissements sans cesse renouvelés compro-
» mettaient gravement la nutrition. Aussi la faiblesse
» et la maigreur étaient extrêmes, et la voix presque
» éteinte. » Longtemps avant sa guérison elle ne
parlait plus qu'à voix basse : il fallait être tête à tête
avec elle pour l'entendre. Les jambes de la pauvre
infirme étaient retournées en arrière et comme sou-
dées contre les cuisses ; celles-ci, élevées en devant,
semblaient collées sur la poitrine au point que les
genoux touchaient presque la gorge. Les tendons et
les muscles des jarrets étaient tellement contractés et
raccourcis qu'on les aurait plutôt rompus que de les
allonger. Elle ne pouvait être ni debout ni assise, ni
avancer les pieds l'un devant l'autre. Dans son lit
elle se couchait tantôt sur un côté, tantôt sur l'autre,
jamais sur le dos, elle ne le pouvait pas. Quand, pour
la délasser ou la désennuyer un peu, ses parents la
levaient, c'était pour la poser quelque temps sur un
autre petit lit et quelquefois dans un fauteuil ; toutes
les fois qu'elle voulait changer de place ou de position, il fallait la porter et la tourner comme un en-

1.

fant. Elle ne mangeait presque rien, ne vivait que par caprices d'estomac, prenant les aliments les plus contraires à son état et les moins propres à la soutenir et à la fortifier. C'est à ne pas y croire si je disais le peu de nourriture dont elle se contentait, et ce peu elle le vomissait presque toujours, surtout depuis un an et demi avant son voyage. La poitrine s'affaiblissait sensiblement, les organes digestifs ne fonctionnaient plus et la vie s'échappait tout doucement. Ce désordre intérieur lui causait souvent des douleurs bien vives dans les entrailles, dans les côtés, dans l'estomac, dans les nerfs et dans les muscles. C'est en ce triste état plus facile à concevoir qu'à décrire que Marie Poirier a passé sept ans et demi sans se plaindre jamais et sans murmurer. Malgré ses souffrances presque continuelles, elle était toujours gaie, affable et d'une patience admirable.

Un jour son oncle, M. l'abbé Poirier, curé d'Argouger, allant la voir pour la consoler, lui dit : « Ma chère enfant, te voilà couchée sur un lit de douleurs, en proie à de bien cruelles souffrances, dans un état d'infirmité bien grand et dont on ne prévoit pas la fin d'ici longtemps... Cependant n'aimes-tu pas mieux rester dans cet état que d'être, comme tant de jeunes filles de ton âge, livrée aux dangers du monde, exposée à perdre ton âme?—Ah! mon oncle, lui répondit-elle aussitôt avec ingénuité, simplicité et candeur, en lui serrant la main, puisque le bon Dieu le veut, je préfère ma position, car je veux me sauver. »

Le 19 juillet 1873, monseigneur allant de Saint-James à Saint-Aubin pour y donner la confirmation, passa par le Fléchet. Marie Poirier en fut avertie plusieurs jours auparavant : « Je serais contente de le voir, dit-elle, et de recevoir sa bénédiction. » Sa mère la porta dans son fauteuil sur le bord du chemin. Quand monseigneur vint, la voiture s'arrêta, et Sa Grandeur, apercevant cette petite infirme, descendit aussitôt, s'approcha d'elle, lui adressa quelques paroles pleines de bienveillance et de sympathie, lui dit d'avoir une grande confiance en la sainte Vierge, de la prier beaucoup, et ajouta qu'elle pouvait la guérir. Ensuite monseigneur la bénit, bénit aussi le scapulaire qu'elle tenait à la main, et laissa cette pauvre malade d'autant plus heureuse qu'elle comptait moins sur tant de bonheur.

Mademoiselle Poirier aimait beaucoup la visite des personnes pieuses; leur présence, leurs paroles lui faisaient du bien, calmaient ses douleurs, relevaient son courage ; mais la visite du prêtre, et principalement de son confesseur, avait pour elle un charme incomparable ; ses bons avis, ses douces exhortations entretenaient sa résignation à la volonté de Dieu. Il lui apportait la sainte communion ordinairement à toutes les fêtes de la sainte Vierge ou dans l'octave de ces fêtes.

Pendant sa longue maladie, Marie Poirier ne connaissait point de plus doux plaisir que les exercices de piété, sachant bien que la prière, après les souffrances bien supportées, est la seconde voie du ciel ; elle y trouvait toujours le remède le plus puissant sur ses douleurs. Dans les derniers jours de mai 1866, deuxième mois de sa maladie, elle disait : « L'année prochaine, si je suis encore malade, j'aurai une bonne Vierge dans mon lit. Le nouveau mois de mai arriva et Marie n'avait point quitté son lit ; elle pria donc son père de lui acheter une petite statue de la sainte Vierge, « toute simple », et de la faire bénir. « Je t'en achèterai une belle », lui répondit ce bon père.

En effet, il lui en apporta une magnifique de Saint-James, que la petite malade trouva « toute belle » et à laquelle elle s'attacha beaucoup. Je dirai tout à l'heure dans quelle circonstance douloureuse elle s'en dessaisit.

On l'avait placée dans un coin de son lit, sur un petit trône, de manière qu'elle pût la voir aisément. C'est devant cette image de la Reine du ciel qu'elle épanchait son cœur et priait de toute la force de son âme ; elle l'avait établie la confidente de ses douleurs, de ses chagrins et de ses ennuis. « O ma bonne Vierge, dit-elle, combien je l'aimais ! Je n'avais point d'autre consolation. » Elle en prenait un soin tout particulier et s'appliquait à l'orner de son mieux, principalement le dimanche. Elle demandait tantôt à ses parents, tantôt à ses frères et sœurs, mais toujours avec une grâce charmante, une petite fleur pour sa bonne Vierge, et si on disait être pressé, n'avoir pas le temps, elle insistait d'un ton si suppliant qu'il fallait céder et courir au jardin. On voyait souvent son chapelet dans ses mains ou bien auprès d'elle ; elle le récitait plusieurs fois par jour. On lui en avait donné un très-solide, qui lui a duré tout le temps de sa maladie ; il est encore bon aujourd'hui. Elle le conserve bien précieusement et l'appelle le *chapelet de ses douleurs,* pour signifier le temps de son infirmité où elle l'égrenait pieusement dans son lit. Elle récitait aussi avec une grande affection et plusieurs fois chaque jour la belle prière de saint Bernard à Marie, le *Souvenez-vous.*

Parmi les autres dévotions les plus chères à mademoiselle Poirier, il faut citer le chemin de la Croix. Un jour un de ses oncles lui apporta d'Avranches un beau crucifix; c'était bien le plus précieux don qu'il pût faire à sa nièce. Elle le comprit, lui en exprima sa joie et le remercia de tout son cœur. Quelques jours après, elle le donna à M. le curé de Saint-Aubin, qui le fit indulgencier et le lui remit sans tarder. Depuis ce temps-là, mademoiselle Poirier prit la pieuse habitude de faire souvent le chemin de la Croix, et cette dévotion, l'une des plus riches en enseignements, en consolations, en fruits de grâces et de vertus, en toutes sortes de bénédictions spirituelles, profitait beaucoup à son âme affligée, dont elle consolait la douleur par le spectacle d'une douleur plus extrême et non méritée. Dieu seul, Jésus-Christ crucifié, peut consoler certaines peines très-secrètes et très-intimes ; la main de l'homme est trop rude pour toucher à ces plaies profondes sans les envenimer. Elle l'a éprouvé bien des fois. « Quand je souffrais beaucoup, dit-elle, et que j'étais accablée de tristesses, de chagrins et d'ennuis, je prenais mon crucifix, je le regardais, je l'embrassais amoureusement, et puis je faisais le chemin de la Croix. Jamais, ajoute-t-elle, je ne l'ai fait sans en retirer beaucoup de fruit ; je trouvais dans cet exercice de piété la paix, la consolation, la force dont j'avais si grand besoin pour supporter le poids de mes douleurs. »

Une des plus grandes peines de la pauvre malade était d'être privée de la sainte messe et des vêpres le dimanche. Que de fois elle a pleuré en voyant ses parents, ses frères, ses sœurs aller aux offices ! Comme elle enviait leur bonheur ! S'ils s'approchaient de son lit avant de partir, elle leur disait toujours, et parfois d'un ton bien triste, les yeux pleins de larmes : « Priez pour moi, priez pour moi ! » Pour se dédommager, elle se faisait rendre compte des instructions ; elle voulait savoir sur quoi avait prêché M. le curé ou M. le vicaire, et les principales choses qu'il avait dites, les forçant par là à bien écouter. Un dimanche, M. le vicaire fit le prône sur les devoirs des enfants envers leurs parents. Quand il parla du respect que Dieu commande aux enfants envers leurs père et mère, il s'éleva contre le tutoiement, blâma cette manière trop libre de parler à un père, à une mère, dit que ce langage n'était pas assez respectueux dans la bouche des enfants, et il ajouta que c'était là aujourd'hui une cause du manque de respect des enfants envers leurs parents. Selon son habitude, Marie Poirier demanda le sujet du sermon ; sa mère lui rapporta les principales choses de l'instruction ; mais quand elle lui dit que M. l'abbé avait blâmé le tutoiement et avait conseillé aux pères et aux mères de ne pas se laisser tutoyer ainsi par leurs enfants : « Ah ! dit-elle tout étonnée, je ne savais pas que ce n'était pas bien ! Eh bien, maintenant, je ne vous tutoierai plus. » Elle mit aussitôt sa résolution en pratique. Au commencement, il lui échappait encore de temps en temps certaines paroles qui trahissaient l'ancienne habitude, mais cela dura peu ; elle fut bientôt entièrement corrigée. Dieu l'en récompensa par la joie qu'elle ressentit de voir ses frères et sœurs suivre son exemple. Le dimanche encore, dans un moment de loisir, elle demandait à lui faire de belles lectures, et s'adressait souvent à son père ; elle aimait beaucoup à l'entendre parce qu'il lisait doucement, elle avait plus le temps de saisir et de comprendre. Ce bon père s'était beaucoup attaché à sa chère malade ; il lui rendait mille petits services, s'appliquait à lui être agréable en tout. Marie en fait l'éloge en ces termes : « Je ne puis dire combien il m'était bon. » La mort le lui enleva le 13 janvier 1870. Quel coup de foudre pour un

cœur aussi sensible ! Aucune parole ne saurait l'exprimer. La pauvre infirme laissa un libre cours à ses
larmes qu'elle ne pouvait retenir, pleurant toutefois
sans amertume et avec une paisible résignation au bon
plaisir de Dieu. Elle sanctifia sa douleur en faisant
saintement ce qu'elle était obligée de faire nécessairement. Avant qu'il rendît le dernier soupir, et lors-
qu'il avait encore sa pleine connaissance, Marie se
tourna vers sa bonne Vierge, la prit, l'embrassa une
dernière fois en pleurant, appela sa mère et lui dit de
la donner à son père. Le pauvre moribond la reçut
avec joie, l'embrassa avec amour, et la garda toujours
dans ses mains. Au moment où l'on ensevelissait ce
cher défunt, on voulut la rendre à la malade, mais
elle n'y consentit jamais ; elle voulut qu'elle fût déposée sur le cœur de ce tendre père dans son tombeau.

Quand ses douleurs lui laissaient quelque répit,
mademoiselle Poirier travaillait un peu, tricotait, faisait des scapulaires et d'autres petits ouvrages de cou-
ture, mais surtout des scapulaires ; c'était une de ses
plus douces occupations. Elle aimait aussi beaucoup
à lire, et les livres qui parlaient de la Mère de Dieu
avaient toujours sa préférence ; elle avait parcouru
tout ce qu'elle avait pu se procurer d'ouvrages sur les

apparitions de la sainte Vierge à la Salette, à Lourdes et à Pontmain. Ainsi s'écoulait cette vie ignorée des hommes, mais si pleine, si précieuse devant Dieu. Souvent, pendant la nuit, Marie Poirier éprouvait des douleurs affreuses, mais jamais elle n'appelait ni ses parents, ni ses frères et sœurs auprès de son lit; elle aimait mieux souffrir seule que de troubler leur repos.

Dieu, qui a dit par son prophète : **Jacta super Dominum curam tuam et ipse te enutriet; non dabit in æternum fluctuationem justo, « Abandonne ton sort à Dieu, et Il prendra soin de toi; Il ne laissera pas le juste toujours chancelant »**, n'a pas voulu attendre l'autre vie pour récompenser des souffrances si bien supportées, tant de ferventes prières, tant de soupirs d'amour, tant d'actes de résignation à sa sainte volonté. Le Père des miséricordes et le Dieu de toute consolation a regardé avec complaisance sa petite infirme, il a prêté une oreille attentive à ses humbles prières et les a trouvées agréables. « Réjouis-toi, enfant de Marie, l'heure de ta délivrance va sonner. » Mais, avant de goûter les douceurs de la santé la servante de Dieu passera encore par une rude épreuve, le voyage de Saint-Aubin à Lourdes, et nous verrons qu'avant de guérir son infirmité, le Seigneur la conduira jusqu'aux portes de la mort, afin qu'on sache une fois de plus que lui seul est le maître de la vie et de la mort, et qu'à lui seul appartient la puissance de mener sa créature jusqu'à l'article de la mort, et de l'en retirer quand il lui plaît.

En lisant le beau livre de M. Henri Lasserre, intitulé *Notre-Dame de Lourdes*, elle éprouva, dit-elle, une grande consolation qu'elle n'avait jamais ressentie dans ses lectures précédentes. Ce bonheur la fit s'attacher beaucoup à ce livre; elle le lisait, le relisait sans cesse, et toujours avec un plaisir nouveau; elle en savait plusieurs passages par cœur; elle ne se rassasiait pas de lire les magnifiques descriptions de la sainte Vierge apparaissant à la petite Bernadette, et le récit des secrets. Elle respirait dans ces pages comme un délicieux parfum qui embaumait toute son âme. Sous le charme toujours croissant de cet ouvrage d'or, elle sentit naître au fond de son cœur un grand désir d'aller à Lourdes. La prière acheva ce que la lecture et la méditation avaient commencé. Mais pourquoi désirait-elle fortement aller à Lourdes? Était-ce par curiosité? Aucun homme de bon sens n'osera le croire et encore moins le penser. La souffrance tue la curiosité chez les malades ; nous le savons tous par expérience. Ce vif désir reposait donc sur un motif plus louable et plus chrétien. C'est la petite infirme elle-même qui nous en assure : « Je voulais aller à Lourdes, dit-elle, **uniquement pour y prier la sainte Vierge ; je sentais en moi quelque chose qui m'appelait et m'attirait vers ce lieu.** » Cet ardent désir renfermait « **une grande espérance de guérison** » ; mais cette espérance était toujours accompagnée *d'une parfaite résignation à la volonté de Dieu, car elle n'a jamais demandé à être délivrée de son infirmité, comme le prouve sa prière favorite au milieu de ses plus grandes douleurs* : « Mon Dieu, si c'est pour votre gloire et le salut de mon âme, je veux bien être guérie ; mais si ce n'est pas votre volonté, je consens à rester dans mon infirmité et mes souffrances tout le reste de ma vie. Que votre volonté soit faite ! » Plus tard, nous retrouvons ses réponses aux pèlerins dans la gare de Vitré en parfaite harmonie avec cette prière. Dieu écoutait sa douce malade, et le jour n'était pas loin où le divin Maître, invité par son auguste Mère, lui dirait comme au lépreux de l'Évangile : « Je le veux, soyez guérie. »

C'était à Lourdes, uniquement à Lourdes, que mademoiselle Poirier voulait aller. Quand on lui parlait de la porter à Pontmain, à Saint-Pair et ailleurs, elle refusait toujours.

Sachant bien qu'elle ne serait pas écoutée si elle demandait à se faire conduire à Lourdes, elle laissa s'écouler plusieurs jours sans en rien dire; enfin, ne pouvant plus y tenir, elle s'en ouvrit à sa bonne mère dans un moment d'intimité : « Ah! maman, dit-elle, je voudrais bien aller à Lourdes. » Mais celle-ci ne prenant point cette confidence au sérieux, lui répondit en riant : « Que dis-tu là? à Lourdes! Ah bien oui! n'est-ce pas trop loin? C'est impossible, malade comme tu es! » La pauvre infirme reprit avec douceur : « Oui, maman, je voudrais bien y aller. » Plusieurs mois, plusieurs années s'écoulèrent sans que notre malade réalisât son désir; mais elle ne le laissait pas oublier, elle le rappelait souvent. La dernière année seulement elle manifesta ce désir à sa tante maternelle, mademoiselle Constance Prime. Celle-ci parut d'abord bien surprise et répondit peu de chose; mais à force d'entendre sa nièce la prier, la supplier de la conduire à Lourdes, elle finit par lui dire, pour lui plaire et la contenter, qu'elle voulait bien, sans y attacher beaucoup d'importance. Dans la suite, elles eurent souvent de longues conversations à ce sujet, et la tante goûta peu à peu l'idée de sa nièce et même l'approuva beaucoup, au point que dans les derniers temps elle en parlait souvent la première à sa chère malade, l'encourageait à persister dans cette bonne intention, et lui promettait de l'accompagner partout. Marie Poirier se sentait attirée vers Notre-Dame de Lourdes par un sentiment de confiance irrésistible; souvent elle se transportait par la pensée dans la Grotte de la sainte Vierge qu'elle connaissait par la belle description de M. Lasserre. Elle faisait ses délices de prier en ce lieu béni. Chaque jour augmentait son désir d'y aller; c'était si fort et cela occupait tellement son esprit, que sur la fin elle en parlait presque à toutes les personnes qui venaient la voir. Semblable à ces pauvres malades qui, croyant guérir en prenant ce qu'ils aiment le plus, quand même ce serait tout à fait contraire à la nature de leur mal, le demandent à tous ceux qui s'approchent de leur lit; ainsi Marie Poirier tourmentée du désir d'aller à Lourdes, veut s'y rendre coûte que coûte, dût-elle aggraver son infirmité, redoubler ses souffrances et même perdre la vie en chemin; elle communique son dessein à tous ceux qui la visitent et voudrait qu'ils lui facilitent le moyen de l'accomplir. Ceux qui connaissent les secrets de la divine providence et avec quel amour Dieu prête l'oreille aux prières de ses moindres enfants, admireront combien le divin Maître a béni les pieux désirs de cette modeste jeune fille et comment il l'a fait triompher de tous les obstacles qui s'opposaient à leur réalisation.

Mademoiselle Constance Prime lisant l'*Avranchin*, le dimanche soir 21 septembre, y trouve l'annonce d'un pèlerinage à Notre-Dame de Lourdes. Aussitôt elle pense à sa chère nièce et se promet bien de l'en avertir. Le lendemain elle fait venir sa sœur, la mère de la petite infirme, et lui montre son journal. Après avoir longtemps parlé de la longueur, des difficultés de ce voyage et de la manière de le faire, Constance s'engage à payer tous les frais du voyage pour sa nièce, puis elles conviennent ensemble de ne pas le dire tout à coup à Marie, mais de lui donner d'abord le journal à lire. Quand Marie Prime fut rentrée chez elle, sa fille lui demanda aussitôt ce que lui voulait sa tante, pourquoi elle la demandait avec tant d'empressement. « Pas grand'chose, répondit la mère », et sans en dire davantage : « Tiens, lis le journal. »

Marie jette les yeux sur cette feuille, et les premiers mots qu'elle rencontre sont ceux-ci :

PÈLERINAGE DE RENNES A NOTRE-DAME DE LOURDES, LE 6 OCTOBRE.

« Ah ! maman ! s'écrie-t-elle, voilà un pèlerinage à Lourdes ! J'irai ! j'irai ! C'est pour cela que ma tante vous demandait, j'en suis sûre. » La mère en convint ; mais voulant éprouver le désir de sa fille, elle lui repartit : « En es-tu capable ? n'es-tu pas trop malade ? — Ah ! je veux y aller tout de même ; n'importe. — Eh bien, si tu veux y aller, il serait bientôt temps de décider, il n'y a plus que jusqu'à vendredi pour prendre des billets. Mais avant tout il faudrait en parler à ton oncle pour voir ce qu'il en dirait. — Allez-y aujourd'hui, c'est lundi, il est bien sûr là. — Je ne puis pas aujourd'hui, mais j'irai demain », dit la mère, pour contenter sa fille. Le mardi matin, Marie Prime fait venir à son tour sa sœur chez elle, et la conversation roule tout le temps sur le pèlerinage : on examine comment s'y prendre, ce qu'il faut faire, enfin on cherche un guide sûr pour ce long voyage. Marie le trouve : ce sera son oncle, M. le curé d'Argouges, ou son cousin, M. Lucien Poirier, vicaire de la Croix-Avranchin ; mais, à leur grand regret, tous les deux sont retenus par des travaux de ministère. La mère et la tante, vivement sollicitées par la pauvre infirme, conviennent que l'une ira le jour même à Argouges consulter M. le curé, et que l'autre se rendra à Saint-Aubin pour communiquer leur projet à M. le curé, le prier de venir voir sa malade et de la préparer à ce grand voyage. Marie Prime fait un voyage inutile à Argouges ; M. le curé, son vicaire et plusieurs habitants de sa paroisse étaient en pèlerinage au Mont-Saint-Michel. Dès le lendemain elle retourne à Argouges et dit à M. le curé que sa fille veut absolument aller à Lourdes. Celui-ci, qui connaissait parfaitement la position de sa nièce, sa faiblesse extrême, son infirmité, ses douleurs continuelles et ses vomissements de tous les jours, trouve ce voyage irréalisable, prononce même le mot *absurde*, dit que c'est une idée d'enfant qu'a sa nièce, s'oppose de toutes ses forces à l'exécution d'une entreprise si téméraire, se moque presque de sa belle-sœur et de la démarche qu'elle fait auprès de lui ; il ajoute même qu'elle occasionnera la mort de sa fille, qui succombera infailliblement avant d'arriver au but de ce voyage imprudent. « Cependant, répond la mère, elle compte bien y aller et sa tante aussi; M. le curé de Saint-Aubin et un prêtre de Saint-James, qui a vu au mois de juillet la guérison de Caroline Esserteau, me conseillent beaucoup de la mener. — Je m'étonne bien d'eux », reprit aussitôt M. le curé d'Argouges, et il manifesta encore plus fortement que jamais son opposition. Marie Prime fut bien décontenancée par cette réponse à laquelle elle ne s'attendait nullement, s'en retourna toute triste et probablement aussi un peu mécontente, raconter à sa chère malade le mauvais résultat de son voyage. A cette nouvelle, Marie pleura beaucoup et s'affligea profondément de l'opposition de son oncle, puis elle réfléchit comment faire. D'un côté elle ne voulait pas désobéir à son oncle, et de l'autre elle ne pouvait supporter la pensée de résister au puissant attrait qui l'appelait à la Grotte. Il lui semblait qu'elle oscillait invinciblement entre deux abîmes. Aller à Lourdes, c'était pécher envers son oncle; ne pas y aller, c'était, à ses yeux, presque pécher aussi en foulant aux pieds ce mouvement irrésistible qui l'emportait à la Grotte. Dans les deux cas, c'était, d'après sa manière de voir, évidemment aller contre la volonté de Dieu. Et cependant, par la force des choses, il fallait prendre bien vite l'un de ces deux partis ; il n'y avait point de milieu, et il était impossible de ne pas faire ce choix. Il est vrai que ce qui est impossible à l'homme, dit l'Évangile, est possible à Dieu. Ce grand Dieu qui aime à s'appeler, par son prophète, l'aide, le protecteur des orphelins, et surtout des orphelins infirmes, va aplanir toutes les voies à son humble servante. Marie Poirier ira à Lourdes et restera dans une parfaite obéissance.

Marie Prime, avant d'aller porter à sa sœur la décision de M. le curé d'Argouges, demande une dernière fois à sa fille ce qu'il faut annoncer à sa tante ; celle-ci ne suivant que son attrait, et comme si elle eût soupçonné déjà que le Seigneur et Notre-Dame de Lourdes lèveraient tous les obstacles qui s'opposaient à la réalisation de ses désirs : « J'irai, j'irai, répondit-elle ; dites à ma tante que j'irai si elle veut venir avec moi. » La mère raconte à sa sœur sa triste entrevue avec M. le curé d'Argouges. Celle-ci en est très-surprise, et après quelques instants de réflexions : « N'importe, tant pis, dit-elle, nous irons tout de même ; je croirais m'opposer à la volonté de Dieu si je ne la conduisais pas, parce que l'idée est trop forte. Elle m'en a parlé tant de fois !.... Elle en serait dix fois plus mala des ielle n'y allait pas. » Le soir de ce jour, mademoiselle Constance Prime vint trouver sa nièce, et, après l'avoir doucement embrassée : « Eh bien, dit-elle, es-tu toujours décidée d'aller à Lourdes? — Oh! oui, ma tante, de plus en plus! »

La conversation dura encore longtemps sur ce voyage; on cherchait toujours les moyens de le bien faire. Enfin la mère croit avoir trouvé un expédient propre à concilier toute chose et à satisfaire tout le monde : « Eh bien, dit-elle à sa fille, il faut promettre à la sainte Vierge d'aller à Lourdes dans quelque temps d'ici, si tu te trouves mieux, et nous irons toutes deux pour toi. — Je ne promettrai point, dit Marie, je ne ferai point de vœu, je veux y aller. » A la fin de cette discussion, il fut conclu qu'elles ne retiendraient que deux places, que si elle pouvait y aller, elle irait; elles demanderaient une troisième place en arrivant. Marie sembla se résigner à ce dernier parti et dit en soupirant : « Faites comme vous voudrez. »

La mère reprit : « Si tu vomis!... — Eh bien, je ne mangerai point; alors je ne pourrai pas vomir. Après tout, je ferai ce que M. le curé me dira, parce qu'il faut obéir à son confesseur; j'aurai au moins le mérite de l'obéissance. S'il me dit d'y aller, j'irai; s'il ne me le dit pas, je ne vous en causerai plus. »

Comme on le voit, cette pauvre infirme ne se décourageait pas ; sa pensée, sa confiance étaient à Lourdes. La tante revient le lendemain en allant à Saint-James, elle trouve sa nièce fondant en larmes. Après l'avoir embrassée et essayé de la consoler : « Faut-il, dit-elle, ne retenir que deux places ? — Comme vous voudrez, répond la malade en sanglotant, mais je veux y aller. »

Mademoiselle Constance Prime ne prit que deux billets, pensant qu'il serait peut-être assez facile d'en obtenir un troisième, s'il en était besoin, le jour même du départ. Il n'y avait plus à attendre, les commissaires fermaient leurs listes le lendemain.

La mère de notre petite infirme écrivit à M. le curé d'Argouges pour l'informer de la dernière mesure prise entre elle et sa sœur. Celui-ci fut très-content de cette manière d'agir, et promit de dire la messe pour sa nièce le mercredi 8 octobre ; il pria aussi plusieurs de ses confrères, surtout ceux de la contrée, qui devaient faire partie du pèlerinage, de ne pas oublier sa nièce au saint sacrifice de la messe, et engagea plusieurs âmes pieuses à communier pour elle le même jour.

M. le curé de Saint-Aubin, qui n'avait pu se rendre auprès de sa chère malade pendant cette semaine, vint la visiter le mardi de la semaine suivante. « Ah ! Marie, dit-il en la voyant, vous n'avez pas l'air réjouie ! » Et aussitôt la conversation s'engage sur le voyage de Lourdes. Marie lui dit qu'elle veut absolument faire ce voyage. M. le curé, effrayé de son infirmité et de sa faiblesse extrême, lui répond peu de chose et bien vaguement sans l'encourager ni la décourager ; il semble se repentir d'avoir conseillé sa tante de la mener si loin. Mais nous l'entendrons dans quatre jours prendre un ton plus ferme, plus assuré et parler sans crainte. Avant de se retirer, il lui fait diverses questions et lui demande entre autres s'il y a longtemps qu'elle a ce désir. « Au moins trois ans, répondit-elle ; je n'avais pas osé vous le dire. »

M. le curé prend congé de sa malade en disant qu'il lui apporterait la sainte Eucharistie le samedi. Après l'avoir communiée au jour fixé, M. le curé demande à Marie si elle persiste dans son désir. « Oh ! oui, monsieur le curé, de plus en plus ! Après tout je ferai ce que vous me direz. — Mon enfant, reprit le digne prêtre,

puisque vous avez ce désir si fort, **allez et ne crai-
gnez rien. »**

Aucune parole ne pourrait rendre la joie de Marie
entendant son bon curé lui donner une si large per-
mission. Elle irait à Lourdes !!! Son bonheur était
au comble et tous ses vœux exaucés. La mère, qui
n'avait pas entendu les dernières paroles de M. le
curé, lui demande si elle doit conduire sa fille à
Lourdes. « *Oui, oui*, répondit-il, *allez, allez*. » En
regagnant son presbytère, M. le curé entre chez la
tante de Marie, lui annonce qu'il a dit à sa nièce
d'aller à Lourdes et qu'il faut se préparer à l'accompagner. Celle-ci, qui avait paru décidée à tout braver
quand elle apprit l'opposition de M. le curé d'Argouges, se trouble et ne peut dissimuler ses craintes
en écoutant M. le curé de sa paroisse la presser
d'agir. « Ah ! monsieur le curé, dit-elle, comment
entreprendre un si long voyage, suffit que son oncle
s'y oppose? S'il lui arrivait quelque chose ! Quel reproche ! — *Vous n'avez rien à craindre ;* **il ne vous
arrivera aucun accident,** *car, vraiment, il y a
du surnaturel là-dedans... Eh bien, si elle meurt,
elle mourra dans le chemin du ciel.* » Il n'y avait
plus à délibérer, il fallait faire les provisions de

voyage et partir. Les deux sœurs conviennent ensemble de conduire leur malade à petites journées jusqu'à Vitré : elles iraient d'abord à Saint-James, puis à Fougères ; enfin, essayeraient le chemin de fer de Fougères à Vitré. Si Marie ne pouvait supporter la voiture ni la vitesse de la vapeur, son frère Constant la ramènerait au Fléchet.

Mademoiselle Poirier avait usé ses habits dès les premières années de sa maladie, et on n'avait pas songé à les renouveler ; c'était inutile puisqu'elle n'en avait pas besoin, ne pouvant être que couchée ou posée sur son fauteuil. Dans ces deux situations, une robe de chambre lui suffisait.

Les mères sont ingénieuses à trouver des expédients à tout, principalement quand il s'agit de leurs enfants. Marie Prime couvrit donc le mieux qu'elle put sa malade chérie d'un des habits de sa sœur cadette et lui mit sur la tête la capeline de sa jeune sœur. C'est ainsi vêtue qu'elle entreprit le voyage de Lourdes.

Le samedi 4 octobre, on la conduisit à Saint-James, où elle coucha chez une de ses amies. Ce petit voyage de cinq kilomètres ne l'avait pas trop gênée. Le dimanche, nos trois pèlerines partent de Saint-

James à midi; Constant Poirier les conduit à Fougères et revient le soir même à Saint-Aubin. Marie Poirier, sa mère et sa tante se reposent la nuit à Fougères. Ce second voyage, beaucoup plus long que le premier, se fit aussi, lui, à petite vitesse pour ne pas donner trop de secousses à la pauvre infirme qui eut néanmoins plusieurs faiblesses dans le trajet.

Le lendemain matin, le maître d'hôtel, M. Gresset, chez qui elles avaient logé, prit Marie Poirier et la porta lui-même de sa maison à la gare. Il dit en la déposant dans la salle d'attente : « En voilà une qui ne reviendra pas de Lourdes. » Un autre avait dit avant lui : « Si celle-là est guérie, je croirai aux miracles. » D'autres, dans leur langage naïf, avaient dit aussi : « Elle va bien loin porter ses os; — elle n'ira pas au bout. » Ainsi chacun pronostiquait sur elle et en tirait les plus tristes augures.

Mademoiselle Poirier fut assistée à Fougères par un homme presque de son pays qu'elle ne connaissait nullement et qu'une circonstance tout à fait imprévue lui fit connaître. Il a droit à n'être pas séparé de sa protégée dans ce récit, ayant été vraiment choisi par la sainte Vierge pour compagnon, auxiliaire et témoin de notre privilégiée dans la faveur dont celle-ci devait être l'objet.

A l'arrivée du train de Moidrey à Fougères, M. Robinault, vicaire de Saint-Georges de Reintembault, dit à ce bon pèlerin de prendre notre petite malade pour la monter en wagon, et lui fit un reproche de laisser, sans lui donner ses soins, une pauvre infirme de sa contrée. Ce brave homme répondit avec sa naïveté ordinaire : « Je ne demande pas mieux que de rendre service, mais je veux qu'on me le demande. » Depuis ce moment il ne la quitta presque jamais, lui prodigua toujours et partout les soins les plus empressés; et lui rendit les services les plus délicats avec une complaisance que notre miraculée affirme dépasser tout remercîment, au point que tout le monde le prenait pour son père. Ce fervent chrétien, nommé Jean Bindel, habite la paroisse de Saint-Martin de Landelles, dans le canton de Saint-Hilaire du Harcouët, La suite de ce récit achèvera de le faire connaître.

C'est à Vitré que les deux trains s'organisent définitivement; là tous les pèlerins venus des extrémités de Fougères et de Vitré, des bords de la Normandie et de la Mayenne, monteront en wagon. A partir de cette ville nous ne recueillerons plus personne sur notre passage. C'est donc là que nos pèlerins se procureront un troisième billet. Marie Prime laisse sa fille en garde à sa sœur et va le demander. Impossible d'obtenir; on télégraphie à Rennes, même refus. Cependant on lui donne une petite lueur d'espérance en lui disant qu'elle pourra peut-être avoir une place dans le second train.

Les voyageurs qui sont allés de Fougères à Vitré savent que les deux lignes ne communiquent pas et qu'une distance d'environ deux cents mètres sépare les deux gares. Mademoiselle Constance Prime s'adresse à deux employés du chemin de fer et les prie de porter sur une chaise sa nièce à l'autre gare; ils s'y prêtent de bon cœur. Pendant ce petit trajet, mademoiselle Poirier les fait arrêter deux fois pour respirer; les forces lui manquent, elle est déjà épuisée et nous commençons le grand voyage. Malgré cette faiblesse extrême et ces vives souffrances capables de décourager les plus hardis, elle ne demandera pas à s'en aller, elle n'y pensera même pas. Un attrait irrésistible l'appelle à Lourdes, elle ira. Ses deux porteurs la déposèrent sur un canapé dans la salle d'attente des premières. Plusieurs pèlerins vinrent la voir et la consoler; elle faisait compassion à tout le monde. On ne pouvait l'aborder sans être ému de pitié et encore moins lui parler sans être profondément touché de ses réponses. Un lui disait : « Mademoiselle, vous venez à Lourdes demander votre guérison à la sainte Vierge ? — Non, monsieur, je vais seulement prier la sainte Vierge. » Un autre, s'apitoyant sur sa triste position : « Ma petite, vous voulez être guérie ? — Comme le bon Dieu voudra. » Un autre, ému de son infirmité et touché de ses larmes : « Ma chère petite, vous voulez que la sainte Vierge vous guérisse ? — Si c'est pour sa gloire et pour la gloire de Dieu, je veux bien, autrement j'aime mieux rester avec mon infirmité et mes douleurs. — Au moins vous êtes contente d'aller à Lourdes ? — Oui, très-contente. Il y a longtemps que je désire aller y prier la sainte Vierge. » La mère de cette charmante petite infirme arrive et annonce sa triste nouvelle. Les voilà toutes trois bien désolées. Que faire ? que faire ? Mademoiselle Constance Prime déclare qu'elle ne veut point aller seule avec sa nièce ; sa sœur regrette infiniment de ne l'avoir pas avec elle pour l'aider à prendre soin de Marie ; enfin elle décide que la mère accompagnera sa fille et que l'autre essyaera encore une fois d'obtenir une place dans le second train.

Voici le premier train de Rennes ! Grâce aux bonnes dispositions prises par les commissaires du pèlerinage, chacun peut facilement trouver le compartiment qui lui est assigné en lisant sur une pancarte attachée d'avance au dehors des portières le numéro correspondant à celui de son billet. Marie Prime prend sa fille tout attristée de ne pas avoir sa tante avec elle, et la porte en wagon. Disons-le ici, pour ne pas interrompre plus tard notre récit : quand le premier train est parti, mademoiselle Constance Prime va trouver le chef de gare, fait les plus vives instances auprès de lui, le supplie de lui donner une place dans le deuxième train ; n'importe quelle place et à quel prix ; elle obtient, mais quel sacrifice pour elle, d'être séparée de sa chère nièce ; cependant elle est contente parce qu'il lui reste au moins l'espérance de la rejoindre à Lourdes (1).

MM. Robinault et Dupuis, vicaires de Saint-Georges de Reintembault, les deux demoiselles Briault et leur frère de Fougères, deux autres pèlerins dont j'ignore les noms, et Jean Bindel étaient dans le compartiment

---

(1) Mademoiselle Poirier a su que sa tante la suivait, seulement quelque temps avant d'arriver à Tarbes, dans une petite gare où nos deux trains se rencontrèrent.

de mademoiselle Poirier. A l'aller comme au retour, tous se sont montrés pleins de bienveillance et de sympathie envers celle qui devait leur causer une si grande joie et leur amener tant de visiteurs.

Nous quittons Vitré en chantant avec un admirable entrain le beau cantique de pénitence : *Pitié, mon Dieu*. A Laval nous supplions trois fois la Vierge Immaculée de bénir notre pèlerinage par cette belle invocation : *Regina sine labe originali concepta...*; nous chantons un cantique à sainte Anne et nous récitons le premier chapelet du Rosaire pour l'Église et le Pape. *Conlie!* Quel douloureux souvenir ce nom réveille dans les cœurs! Nous pensons aux souffrances de nos pauvres soldats; plusieurs sont morts de misère dans ce camp tristement célèbre; nous récitons le *De profundis* pour le repos de leur âme. Au Mans nous conjurons Dieu de nous faire miséricorde par le chant du *Parce* trois fois répété; nous nous éloignons de cette ville en récitant, pour le bonheur et la tranquillité de la France, le deuxième chapelet, puis nous élevons la voix pour chanter le cantique bien-aimé des Bretons :

O Marie, ô mère chérie,
Garde au cœur es Bretons la foi des anciens jours...

Nous saluons à Tours saint Martin, protecteur de la France, par l'hymne *Iste confessor*, et nous achevons le Rosaire à l'intention des pèlerins. Quelque temps avant d'arriver à cette ville et depuis Tours jusqu'à Poitiers, mademoiselle Poirier donna de vives inquiétudes à sa mère et à toutes les personnes qui l'ont vue dans ce trajet; on croyait qu'elle allait mourir; plusieurs ont dit : « C'est fini, elle va mourir. »

Cependant le train nous emportait toujours, pas assez rapidement au gré de nos désirs. Les chants pieux, les prières, les causeries ne nous faisaient pas complétement oublier la longueur du voyage. Car on trouve qu'on va encore lentement en chemin de fer; on n'est que parti, on voudrait être arrivé.

A Poitiers nous invoquons saint Hilaire, le docteur de l'Église, et la pieuse Radegonde, reine de France; nous aimons à croire que cette sainte religieuse, qui, au moment où elle était en prière avec deux de ses sœurs, affirme n'avoir pas entendu une seule note de la musique profane et du grand bruit que faisaient plusieurs danseurs en passant le long des murs de son monastère, entendit nos supplications et les présenta au Roi du ciel. Dans le silence de la nuit, nous dépassons Angoulême et Bordeaux. Le lendemain, avec l'aurore, nous bénissons Dieu dans la prière du matin et nous invoquons de nouveau la Vierge Immaculée. La vapeur nous entraîne à toute vitesse à travers les Landes, à travers ces immenses forêts de pins où l'œil aperçoit à peine çà et là quelques rares habitations. Ici Marie Poirier renouvelle les alarmes qu'elle a déjà données ; elle est plus mal que jamais, elle étouffe ; on croit à tout instant qu'elle va mourir.

Je ne pourrais décrire son triste état, ni bien dire tout ce qu'elle a souffert depuis Vitré jusqu'à Lourdes : douleurs excessives, mal de tête très-grand et continuel, faiblesse, anéantissement. Cependant, malgré cette faiblesse extrême qui faisait craindre de la voir bientôt mourir, elle ne peut rien prendre dans tout le voyage qu'un peu de lait mêlé d'eau, à Tours. Heureusement Notre-Dame de Lourdes protégeait son enfant chérie sur laquelle éclateront demain sa puissance et sa bonté. Nous laissons de côté successivement Mont-de-Marsan, Aire, Tarbes. L'horizon alors change d'aspect ; là, nos regards étonnés contemplent enfin ces Pyrénées dont la cime se perd dans la nue et semble se confondre avec elle. Bientôt de toutes les poitrines et de toutes les lèvres jaillit un cri, un seul et même cri : Lourdes ! Lourdes ! C'était comme un écho de l'enthousiasme avec lequel les croisés s'écriaient jadis à la vue des lieux saints : Jérusalem ! Jérusalem !

Lourdes ! cette cité à peu près inconnue il y a quelques années ; Lourdes, qui tenait si peu de place sur la carte de notre France ; Lourdes, aujourd'hui célèbre dans l'univers entier ; Lourdes, aujourd'hui le grand rendez-vous de la piété catholique envers Marie, le rendez-vous par conséquent de toutes les joies, de toutes les douleurs, de toutes les espérances, de toutes les supplications, de toutes les détresses, de toutes les reconnaissances ; Lourdes, enfin, le sanctuaire vraiment populaire et universel de l'auguste Mère de Dieu, depuis les jours à jamais bénis où Elle daignait, par dix-huit apparitions, se révéler à l'enfant de **Massabielle** et, comme autrefois le Seigneur à Moïse, dans le **buisson ardent**, indiquer son nom par excellence : « **Je suis l'Immaculée Conception.** »

Après deux heures d'un repos indispensable, nos pèlerins se rassemblaient à l'église paroissiale, d'où sortait bientôt notre procession présidée par M. le curé de Notre-Dame de Bonne-Nouvelle. Plus de deux cents prêtres, et un grand nombre en habit de chœur, douze cents fidèles s'avançaient dans un bel ordre à travers les rues de la ville. Partout sur le parcours nous recueillons avec une légitime fierté l'expression non équivoque de l'admiration qu'éprouvent à cette vue les habitants et les étrangers. Ils nous écoutaient tous ravis, chanter cet admirable cantique des Bretons à la sainte Vierge.

O Marie, ô mère chérie,
Garde au cœur des Bretons la foi des anciens jours,
Entends du haut du ciel le cri de la patrie :
Catholique et Breton toujours !

A notre entrée dans la basilique, un des R. P. missionnaires nous adressa un beau discours de réception dans lequel il fit le plus pompeux éloge de la Bretagne, de sa foi, de sa fidélité au Christ et de sa piété envers Marie. Le salut solennel commence, Jésus et Marie bénissent leurs pèlerins. Aussitôt après nous descendions de la basilique pour commencer notre magnifique procession aux flambeaux. Le temps était calme, pas le plus léger souffle, la nuit obscure, mais ses ténèbres sont bientôt dissipées et nous en faisons un beau jour. Des milliers de cierges illuminent la colline, et la première lettre du nom de Marie, formée par les lacets de la montagne, paraît tout en feu. Onze cents hommes du diocèse de Nîmes, arrivés le matin, s'étaient réunis à nous; nous nous suivions, pèlerins venus de contrées si diverses, mêlés les uns aux autres comme les membres d'une même famille que les distances ne séparaient plus, et nous chantions ensemble le *Magnificat*, l'*Ave Maris stella*, etc. Le spectacle est si beau que les pèlerins ne peuvent contenir leur admiration; à chaque instant on les entend s'exclamer en regardant cette longue traînée lumineuse sillonner la montagne, ou bien en contemplant la Grotte éclairée de mille flambeaux. Les heures passent insensiblement et beaucoup trop vite dans la jouissance de tant de bonheur; personne ne s'ennuie, personne ne trouve trop longues ces ravissantes cérémonies. Enfin les chants s'arrêtent, les lumières se dispersent et disparaissent. Nos pèlerins regagnent leurs domiciles.

Pendant cette splendide procession, que devenait notre pauvre infirme? On le pense bien, elle n'y assistait pas, elle était trop fatiguée et trop malade. A l'arrivée du train à Lourdes, son fidèle compagnon de voyage la descendit de wagon et la déposa sur un banc dans la gare, où avec sa mère elle attendit sa tante. Mademoiselle Constance Prime les rejoignit bientôt et fut toute joyeuse de retrouver sa chère nièce, qui lui avait causé tant d'inquiétudes. Pendant ce temps-là, MM. les deux vicaires de Saint-Georges et Jean Bindel circulaient par la ville, cherchant un logement pour nos trois pèlerines. Quand ils eurent trouvé une chambre convenable, ils vinrent les avertir. En ce moment la gare était vide d'omnibus, il fallut se rendre à pied. Cela fut bientôt décidé. Marie et Constance Prime emportent les paquets et Jean Bindel se charge de son précieux fardeau. Une fois installées, MM. les vicaires leur souhaitent une bonne nuit, adressent à Marie quelques paroles de consolation et d'encouragement, lui promettent de prier pour sa guérison. et se retirent pour aller bientôt prendre part à la procession. Jean Bindel les imite et offre ses services pour le lendemain. Mademoiselle Poirier demande à sa mère de la coucher aussitôt, et quand la procession sonne, elle lui dit, ainsi qu'à sa tante, de s'y rendre, de bien prier pour elle et de lui apporter de l'eau de la Grotte. Les deux sœurs obéissent à leur malade et reviennent avec une bouteille d'eau; Marie en boit un peu et la trouve excellente.

Au milieu de la nuit éclate un orage terrible, le tonnerre gronde avec fracas, les Pyrénées en retentissent. Je n'ai pas entendu un coup de ce tonnerre épouvantable, tant j'étais accablé de sommeil et de fatigue ; et si l'on ne me l'avait pas dit, je n'aurais pu le soupçonner qu'en voyant le lendemain le Gave couler à pleins bords.

Le mercredi matin, Marie Prime et sa sœur conduisent leur infirme en omnibus à la Grotte. Le temps n'était pas favorable, la pluie tombait par torrents ; Arrivée à la Grotte, Marie voulut d'abord se baigner dans la piscine ; mais elle était occupée, il fallut attendre quelques minutes. Quand elle fut libre, Marie entra avec sa mère et sa tante ; celles-ci déshabillent *leur chère malade*, la prennent par-dessous les bras et la plongent trois fois jusqu'au cou dans la fontaine miraculeuse, la laissent à chaque *immersion* quelques secondes au milieu de l'eau. Chose étonnante ! mademoiselle Poirier affirme n'avoir éprouvé aucune sensation de froid ; au contraire, elle ressentit *dans tout son corps* un bien indicible, mais surtout à la poitrine et dans l'estomac, il lui sembla qu'il s'opérait toute une révolution, un merveilleux changement dans ces deux parties de son corps. La sainte Vierge, qui au mois de février, temps où les eaux du Gave sont le plus froides et le plus glaciales, les rendit chaudes pour sa petite Bernadette, ne permit pas que l'eau fraîche de sa fontaine miraculeuse produisît aucune impression douloureuse sur le corps faible et délicat de sa fille bien-aimée.

Le lecteur se rappelle et les pèlerins savent que mademoiselle Poirier ne parlait qu'à voix basse avant d'aller à Lourdes. Au sortir de la piscine elle se mit à parler à voix haute; nous l'entendrons bientôt proclamer sa guérison, et les premiers mots quelle prononcera de sa nouvelle voix seront un cri de reconnaissance et d'amour à Marie. La Vierge Immaculée voulait que sa fille chérie annonçât la première le grand bienfait qu'elle se disposait à lui accorder.

Parmi les 188 pèlerins de la Franche-Comté arrivés la veille, à la fin de notre procession aux flambeaux, se trouvait mademoiselle Marie de Tinseau, paralysée depuis neuf ans. Voulant communier, elle ne put boire de l'eau de la fontaine miraculeuse à cause de l'heure trop avancée, mais elle passa la nuit couverte de linges imbibés de cette eau. Le lendemain, son père, sa mère et M. le curé de sa paroisse la conduisirent à la Grotte. Comme Marie Poirier, mademoiselle de

Tinseau désirait se plonger dans la piscine avant d'entrer dans la Grotte ; mais elle était déjà occupée. On la porte à la grille, le gardien ouvre la barrière et mademoiselle de Tinseau entre toute seule ; elle était guérie. Malgré le mauvais temps, il y avait déjà une multitude de pèlerins aux abords de la Grotte. Tout à coup, on les entendit s'écrier : « Miracle ! miracle ! vive Marie ! vive Notre-Dame de Lourdes ! ! ! *Magnificat.* » Pendant que tout ceci se passait, mademoiselle Poirier se rhabillait au bord de la piscine. Bientôt elle sort au milieu de cet enthousiasme général et de ces joyeuses acclamations, sa mère et un charitable pèlerin la portent sur une chaise à l'entrée de la Grotte en perçant la foule agitée au cri de « place pour une malade ! » Comme la pluie tombait toujours en abondance, mademoiselle Constance Prime tenait un parapluie étendu sur la tête de sa nièce. Le gardien, qui venait d'ouvrir la grille à mademoiselle de Tinseau, était encore dans l'intérieur de la Grotte. On lui fait signe, il s'approche aussitôt et ouvre de nouveau à Marie Poirier. Mademoiselle de Tinseau aperçoit la petite Normande, la regarde avec attendrissement, s'approche d'elle et lui serre la main, comme pour lui souhaiter la bienvenue et avoir l'honneur de l'introduire dans le sanctuaire de l'Immaculé Conception. Les deux sœurs, reconnaissantes de tant de bonté, lui recommandent leur chère infirme : « Mademoiselle, dit la mère, priez pour ma fille. — Priez pour notre petite malade, dit la tante. — Oui », répond la noble fille du Jura en inclinant la tête, puis va et vient dans la Grotte, fait toucher au rocher les chapelets et médailles qu'on lui donne, s'assied et signe plusieurs livres, images et photographies ; bientôt elle se lève, revient auprès de mademoiselle Poirier, qu'elle appellera désormais sa sœur, pour lui donner un nouveau gage de son affection, et lui dit, comme à une intime amie, de promettre quelque chose aux âmes du purgatoire. Cependant les pèlerins hors de la grille s'agitent et se pressent pour contempler de près l'illustre miraculée, tous veulent voir et entendre mademoiselle de Tinseau, mais ils sont trop nombreux et beaucoup ne peuvent satisfaire leur religieuse curiosité. Du milieu de la foule on crie à l'heureuse jeune fille de se montrer. Aussitôt elle monte sur le siége où elle était assise quelques instants auparavant, et s'écrie d'une voix forte : « Vive Marie Immaculée ! vive Pie IX ! vive la France ! » En même temps elle détache de son bras gauche une écharpe bleue, l'agite en l'air, puis descend et va la suspendre au rocher. Tous les pèlerins répètent à l'envi, comme un écho fidèle, ces joyeuses acclamations. Sur ces entrefaites arrive monseigneur de Saint-Dié, et partage les émotions de la foule en voyant mademoiselle de Tinseau si bien guérie; il félicite les parents, et ne tenant pas son cœur, il parle à la pieuse assemblée, accroît l'émotion, demande qu'on aime à jamais la sainte Vierge, qu'on la remercie de ses bienfaits et qu'on ait une confiance sans bornes dans sa protection. Après ces quelques mots d'édification, mademoiselle de Tinseau monte à la chapelle pour y faire la sainte communion.

Monseigneur de Saint-Dié allait sortir de la Grotte, Marie Poirier l'aperçoit et dit à sa mère : « Voilà un évêque! priez-le de me donner sa bénédiction. » Et la mère, vivement émue, montre sa fille au prélat, le prie de vouloir bien la bénir. Sa Grandeur, revenant sur ses pas, considère un instant la petite infirme, la bénit avec une gracieuse complaisance, lui fait baiser son anneau et lui dit un mot de consolation.

Mademoiselle Marie Poirier était assise sur une chaise dans l'intérieur de la Grotte, un peu plus à gauche en entrant, le visage tourné vers la statue de l'Immaculée Conception. On la voyait recueillie, calme, tranquille, les yeux toujours doucement fixés sur la Vierge du rocher. Quelle prière fit-elle en ce moment à sa divine patronne? Elle l'ignore complétement, elle ne sait même pas si elle a prié; mais si ses lèvres étaient muettes, elle priait des yeux, elle priait du cœur, et la Vierge, *qui n'est jamais sourde à ses enfants qui l'invoquent ici-bas*, regarde avec tendresse sa fille chérie, lui sourit avec amour. Aussitôt les nerfs des jambes et des cuisses de notre pauvre infirme fléchissent et perdent leur rigidité, ses jambes s'allongent et touchent la terre. Au même moment mademoiselle Poirier, sans avoir conscience de ce qui se passe en elle, sinon par une douleur aiguë qu'elle ressent, tombe à genoux, comme poussée par une force invisible, y reste quelques secondes, puis **se lève seule,** étend les bras en croix, se précipite sur le rocher, essaye de grimper vers la statue, les bras toujours étendus, comme si elle eût voulu l'embrasser, se tient quelques instants dans cette position, soutenue par sa mère, puis elle descend, se tourne vers les pèlerins en s'écriant : « Je suis guérie! priez Marie! vive Pie IX! » En disant ces mots elle se colle aux barreaux de la grille et serre la main à plusieurs pèlerins.

On essaye de chanter le *Magnificat*. Impossible, les voix sanglotaient. Deux émotions si vives coup sur coup avaient remué jusqu'à la dernière fibre des cœurs. Tout le monde pleurait.

Comme à mademoiselle de Tinseau, on présente à mademoiselle Poirier des chapelets, des médailles à toucher, des livres, des images, des photographies à signer ; elle se prête à tout de bon cœur et avec grâce.

Au moment de sortir de la Grotte, mademoiselle Poirier est si faible qu'elle ne peut marcher seule ; plusieurs pèlerins s'offrent pour la porter à l'église, mais Jean Bindel est là, il revendique fièrement ses droits : « Personne que moi ne la portera », dit-il d'une voix ferme. En même temps il la prend dans ses bras et la porte en triomphe. Le long du chemin, Marie Poirier veut essayer ses jambes, elle prie son charitable porteur de la déposer par terre de temps en temps. Elle est si heureuse de marcher ! Elle monte l'escalier qui conduit à la basilique. Son entrée dans la chapelle produit une vive impression ; tous les pèlerins attendris la regardent passer, bénissant Dieu et glorifiant la sainte Vierge. Jean Bindel porte mademoiselle Poirier au milieu du chœur. L'enfant privilégiée de Marie veut unir les bienfaits du Fils à ceux de la Mère et demande la sainte communion. Monseigneur de Saint-Dié faisait son action de grâces au pied de l'autel; on l'avertit, il demande aussitôt une étole. Mais voici que mademoiselle Poirier se trouble : « Je n'ai point assisté à la messe, dit-elle. — Ah! mon enfant, la sainte Vierge s'en charge. » La mère de la jeune miraculée et Jean Bindel font la même observation à Sa Grandeur : « Mettez-vous là, répond ce digne évêque, je vais vous communier tous trois. » Après quelques prières d'actions de grâces, Jean Bindel prend sa compatriote que la sainte Vierge lui a rendue plus chère que jamais, et l'emporte dans un hôtel voisin, où elle prend un peu de nourriture. Elle n'avait pas achevé son repas qu'une pieuse dame, qui a l'habitude de passer plusieurs mois à Lourdes au temps des pèlerinages, vient la prier de descendre chez elle. Mademoiselle Poirier y consent bien volontiers. Après le déjeuner, Jean Bindel l'emporte chez cette excellente comtesse, où elle resta assez longtemps, et se retira pour aller publier tout le jour la faveur insigne dont Notre-Dame de Lourdes a gratifié sa protégée. L'heureuse jeune fille remercie sa noble hôtesse et regagne son domicile avec sa mère et sa tante; elle y reçut de nom-

breuses visites pendant tout le reste de la journée.

Le soir, MM. les deux vicaires de Saint-Georges
viennent la chercher et la conduisent à la Grotte en
omnibus, au moment de la procession. Mademoiselle
Poirier s'agenouille à la porte de la grille et remercie
de tout son cœur sa grande bienfaitrice. Quand tous
les pèlerins sont descendus de la basilique et réunis
sous les yeux de la Vierge Immaculée du rocher, la
petite Normande se lève, se promène quelques instants le long de la grille, puis tout à coup se tourne
vers les pèlerins et prononce à haute voix ces belles
paroles pour les assurer de nouveau que la sainte
Vierge lui a aussi rendu la voix : « *Aimez bien la
sainte Vierge, voyez comme elle est bonne; c'est elle
qui m'a guérie.* » Elle excite par ces mots où brillent
un si vif sentiment de piété et de reconnaissance un
grand enthousiasme dans la foule; on s'agite, on se
précipite sur elle, tous veulent la voir une seconde
fois, lui serrer la main ou lui faire toucher des objets
de piété. On l'introduisit promptement dans la Grotte
pour la protéger contre ce flot continuel capable de
l'écraser. Enfin les chants cessent, les pèlerins se
retirent et mademoiselle Poirier regagne la ville en

omnibus; elle se couche heureuse d'une journée si bonne, remplie de plaisirs si purs, de joies si douces, d'impressions si vives, signalée par un bienfait dont le souvenir ne sortira jamais de son cœur.

M. le vicaire d'Argouges, ayant retenu sa place avant de connaître l'intention de la nièce de son cher curé, avait eu la douleur d'en être séparé pendant tout le voyage, mais il ne l'avait pas perdue de vue; il allait la voir de temps en temps et s'informer d'elle pendant les arrêts du train. Quand, le mercredi matin, il descendit de l'église à la Grotte avec ses deux compagnons de voyage, mademoiselle Poirier était assise dans la Grotte. Ils s'approchent tous trois auprès de la grille et unissent leurs prières à celles de leur petite infirme. Quelques minutes après le miracle, M. le vicaire d'Argouges appelle ses deux amis : « Vite au télégraphe », dit-il, et tous montent rapidement à la ville en pleurant. Le long du chemin, M. le vicaire d'Argouges rédige son télégramme :

MARIE GUÉRIE.

Communiquez aussitôt à curé d'Argouges et de Saint-Aubin.

BARBÉ, FAUTREL, CHEVALLIER.

Ces trois jeunes prêtres désiraient fort visiter à domicile celle qui était l'objet de la grande nouvelle qu'ils venaient d'envoyer, pour la féliciter et mêler leur joie à la sienne; ils la cherchèrent donc longtemps, mais en vain; ce ne fut que le soir, au retour de la procession, et après mille informations pendant le jour, qu'ils la trouvèrent. Ils étaient heureux de la voir toute rayonnante de bonheur; ils lui souhaitèrent un doux repos et lui promirent d'aller le lendemain avec elle à la Grotte remercier Notre-Dame de Lourdes avant de partir. Ils furent fidèles au rendez-vous.

Le jeudi matin, mademoiselle Poirier revient à la Grotte avec sa mère et sa tante. M. le vicaire d'Argouges et ses deux compagnons l'y attendaient. Elle se baigne une seconde fois dans la piscine et se trouve toujours bien au milieu de ces eaux miraculeuses. Au sortir de la fontaine, nous la conduisons dans la Grotte et nous entrons tous cinq avec elle; nous prions longtemps ensemble; nous remercions de toute l'effusion de notre cœur la sainte Vierge Immaculée. Mais il faut partir. Nous récitons une dernière prière d'actions de grâces, nous saluons Notre-Dame de Lourdes, nous lui disons *au revoir*, et pas adieu, ce serait une sorte d'ingratitude, et nous la supplions de bénir notre retour.

Il est neuf heures et demie; nous montons en wagon et nous partons au chant trois fois répété du *Regina sine labe originali concepta.* Les rives du Gave retentissent tour à tour du cantique du *Magnificat* et du cantique bien-aimé des Bretons :

O Marie, ô mère chérie,
Garde au cœur des Bretons la foi des anciens jours.

Nous nous entretenons à l'envi des grâces que nous avons reçues, des exemples que nous ont donnés ces beaux pèlerinages de Nîmes et de la Franche-Comté avec lesquels le nôtre s'était si heureusement rencontré. Quelles pures joies ne goûte-t-on pas au service de Marie! Ne sommes-nous pas tous devenus en ce jour des frères à jamais unis dans son divin cœur et dans le cœur de son Fils? Un peu plus tard, en passant devant Notre-Dame de Betharam, nous lui adressons le salut de l'Église, le *Salve Regina.* A Pau nous nous arrêtons trois heures. Les pèlerins descendent de wagon, montent à la ville et visitent la capitale du Béarn; presque tous entrent dans une magnifique église toute neuve bâtie à peu de distance de la gare. Nous y faisons une courte prière, nous entonnons un joyeux *Magnificat.* Mais les Bretons veulent dire aux Béarnais qui ils sont et d'où ils viennent. Aussitôt après le *Magnificat*, les voûtes de la belle maison de Dieu retentissent de leur cantique favori :

> O Marie, ô mère chérie,
> Garde au cœur des Bretons la foi des anciens jours;
> Entends du haut du ciel le cri de la patrie :
> Catholique et Breton toujours.

Les trois heures sont écoulées, nous remontons en wagon et nous courons vers l'Océan en chantant un cantique à sainte Anne. A Dax nous prions saint Vincent de Paul d'étouffer cet égoïsme qui, comme un hideux cancer, dévore la société actuelle, et de rallumer dans le cœur des Français la flamme de la charité qui consumait son âme. Les Landes! nous voudrions dormir en traversant ce pauvre pays ou le passer au milieu des ténèbres de la nuit. Notre retour s'opère dans les mêmes conditions que notre départ. Dans tout le voyage mêmes chants, mêmes invocations, mêmes chapelets pour l'Église, la France et les pèlerins.

Chaque fois que nous nous arrêtons, une multitude de pèlerins assiége la portière du wagon de la petite miraculée, les uns la pressent de questions, et elle répond à tout facilement, bonnement, simplement;

3.

les autres se recommandent à ses prières, et elle promet de ne pas les oublier; ceux-ci se contentent de lui serrer la main, ceux-là lui apportent des images, des cartes, des livres, des bréviaires pour qu'elle y écrive quelques mots ou simplement son nom. Mademoiselle Poirier se prête à tout ce qu'on lui demande. C'est pour la gloire de Marie : cela lui suffit. Mais elle est bien attentive à demander à tous une récompense que tous sont heureux de lui promettre. Et quelle sera cette récompense? Une petite prière pour l'aider à remercier Notre-Dame de Lourdes.

Nous arrivons à Vitré le vendredi 10 octobre, vers une heure de l'après-midi. Une foule immense nous attendait. Voici, je crois, ce qui avait amené cette multitude, moins pour nous saluer peut-être que pour nous voir et nous regarder, car, dit mademoiselle Poirier, nous étions vraiment beaux à voir avec la croix de Jésus sur le cœur, le chapelet de Marie au cou, et chez plusieurs la médaille de Notre-Dame de Lourdes auprès de la croix rouge. Un commissaire du pèlerinage avait envoyé deux télégrammes à MM. les prêtres de Vitré; dans le premier il leur annonçait la guérison miraculeuse de Marie Poirier et les priait de vouloir bien organiser une magnifique procession

et de venir ainsi recevoir à la gare l'heureuse jeune
fille pour la conduire à l'église Notre-Dame, où elle
aurait assisté à un salut solennel d'actions de grâces.
Mais comme, à cause de sa grande faiblesse, elle ne
marchait que difficilement et toujours soutenue par
une ou deux personnes, on ne la trouva pas assez
bien rétablie pour faire une pareille démonstration ;
un second télégramme fut donc expédié à la même
adresse, avec prière de se tenir tranquilles, parce que
la guérison ne paraissait pas assez évidente, assez
bien caractérisée. Le train s'arrête, nous descendons
de wagon, et aussitôt plusieurs pèlerins entonnent le
Magnificat, qui est chanté avec un enthousiasme
inexprimable. Madame et mademoiselle Postel, qui
faisaient partie du pèlerinage, emmènent chez elles
mademoiselle Poirier. La petite Normande reçut de
cette honorable famille la plus généreuse hospitalité ;
on lui donna un lit où elle reposa deux heures ; elle
prit aussi un peu de nourriture. Le moment de partir
arrivé, mademoiselle Poirier remercie de son mieux
M. Postel et sa famille, se rend à la gare et remonte
en wagon pour n'en plus descendre qu'à Fougères.
Elle passa la nuit dans cette ville et retourna chez
M. Gresset, qui ne se lassait pas d'admirer le grand

changement opéré dans la jeune fille qu'il avait jugée
à mort cinq jours auparavant. En un clin d'œil son
hôtel fut rempli. Une dépêche télégraphique envoyée
de Lourdes avait mis en émoi la population de cette
cité bretonne. Tous voulaient contempler la miraculée, l'interroger et la voir marcher ; elle dut signer
encore quantité de livres, d'images et de photographies. Ce flot de bons et louables curieux s'écoula
peu à peu et mademoiselle Poirier se coucha pour se
reposer de tant de fatigues. Le samedi, MM. Robinault
et Dupuis emmenèrent par Saint-Georges leur chère
compagne de pèlerinage et voulurent avoir l'honneur
et le bonheur de la présenter à leur digne recteur,
qui lui fit le plus gracieux accueil.

Mademoiselle Poirier, toujours arrêtée sur sa
route, n'arriva que le soir au Fléchet. Ici je renonce
à peindre l'étonnement, la joie, le bonheur, les mille
émotions de ces bons villageois. Longtemps avant son
arrivée ils l'attendaient au milieu du chemin. Quand
ils l'aperçurent de loin, un frémissement indescrip-
tible passa chez tous avec la rapidité d'une décharge
électrique ; enfin la voilà dans leurs bras, ils la pressent sur leur cœur, ils l'embrassent, la couvrent de
leurs baisers, l'arrosent de leurs larmes, ils la félici-

tent, ils pleurent de joie. Ces grandes émotions un peu calmées, ils la suivent à sa maison, l'interrogent et la font marcher ; beaucoup de voisins accourent et partagent la joie de cette heureuse famille que la sainte Vierge a favorisée d'un si grand bienfait. Ils se retirent à une heure bien avancée de la nuit et Marie se repose un peu.

Le lendemain dimanche se renouvellent en grand à l'église et au presbytère de Saint-Aubin les scènes attendrissantes qui avaient eu lieu la veille au Fléchet. L'heureuse nouvelle apportée par le télégramme de Lourdes s'était répandue dans toute la paroisse et avait produit une vive sensation. On se figure l'empressement de cette population à voir sa miraculée. Mademoiselle Poirier se rend au presbytère avant la messe ; c'est là qu'elle fait sa première visite. M. le curé la reçoit avec de grandes manifestations de joie et l'invite à dîner ainsi que sa mère et sa tante. Dès le commencement de la messe, la présence de Marie Poirier avait fortement impressionné l'assistance, beaucoup pleuraient. Après l'évangile, M. le curé monte en chaire, il parle de la guérison miraculeuse qu'ils ont sous les yeux, il rappelle l'infirmité de la jeune fille, compare son état antérieur à sa situation actuelle, il donne à ses paroissiens cet exemple vivant de la bonté de Marie envers ses enfants de la terre et les conjure d'aimer cette tendre Mère, de l'invoquer tous les jours. Ces paroles vivement senties avaient remué tous les cœurs; on ne voyait que larmes dans les yeux, on n'entendait que sanglots dans la foule. Après l'office, une multitude d'hommes, de femmes et d'enfants suit mademoiselle Poirier et envahit le presbytère; tous veulent lui témoigner leur joie et leur bonheur de la voir guérie par la sainte Vierge. L'impression fut grande et salutaire. Ce miracle si touchant a fait réfléchir plusieurs pécheurs et les a ramenés à la fréquentation des sacrements.

Pendant les deux premières semaines après le voyage de Lourdes, il y eut chez la privilégiée de Marie une affluence continuelle de visiteurs. Mademoiselle Poirier s'est prêtée de bon cœur à ces visites par esprit de foi et par sentiment de reconnaissance pour la très-sainte Vierge. Elle ne s'est point lassée de répondre aux questions qui lui étaient faites, et souvent les mêmes, et plusieurs fois par les mêmes personnes. Mais elle n'a jamais manqué d'ajouter : « Aidez-moi à remercier Marie, et priez pour moi. »

Beaucoup de pèlerins, regrettant de ne pouvoir vi-

siter leur miraculée, se sont consolés en lui écrivant
de charmantes lettres. Elle en a reçu de tous côtés;
elle s'est fait un devoir, par religion et par reconn-
naissance aussi pour Marie, d'y répondre elle-même,
ou par une autre main, faute de temps. Cette humble
petite fille, en présence de ces lettres, comme devant
ceux qui l'ont visitée, n'a vu que des hommages rendus à la très-sainte Vierge, et elle s'est résignée à
ces pieuses obsessions pour la gloire de Notre-Dame
de Lourdes.

Parmi ces nombreux visiteurs le lecteur en devine
deux qui arrivèrent des premiers : M. le curé d'Argouges et son neveu, M. Lucien Poirier, vicaire de
la Croix-Avranchin. Comment rendre l'impression
de M. le curé d'Argouges en recevant le télégramme
de son vicaire? C'est impossible. Il l'ouvre en trem-
blant et lit : « MARIE GUÉRIE ; communiquez aussitôt
à curés d'Argouges et de Saint-Aubin. Barbé, Fautrel,
Chevalier. » Son étonnement est incomparable, sa
joie immense; il lit, relit sans cesse cette heureuse
dépêché, comme s'il craignait de s'être trompé, et à
chaque fois son bonheur augmente; tantôt il considère les signatures, tantôt il examine l'adresse, tantôt il s'arrête au lieu et à la date du télégramme,

mais toujours il revient à ces mots délicieux : MARIE GUÉRIE. Il communique cette agréable et consolante nouvelle à tous ceux qu'il rencontre dans la journée, et bientôt tout Argouges connut la guérison miraculeuse de mademoiselle Poirier. Quand ce bon curé visita sa chère nièce, il lui demanda si elle n'avait pas été fâchée contre lui à cause de son opposition; la pieuse jeune fille lui répondit sans déguiser la vérité : « Non, mon oncle, mais je n'étais pas contente. » A ce moment, M. le curé d'Argouges lui dit qu'il fera amende honorable à la sainte Vierge et qu'il célébrera en son honneur une messe d'actions de grâces très-solennelle; il l'invite à y assister et à passer plusieurs jours chez lui à cette époque.

Le mercredi 23 octobre, quinze jours après sa guérison miraculeuse, mademoiselle Poirier fit un pèlerinage à Pontmain avec MM. les prêtres de sa paroisse et plusieurs habitants de Saint-Aubin. « A partir de ce jour, dit-elle, les forces me sont beaucoup revenues, mes jambes se sont consolidées et je commençai à marcher seule. » L'auteur de la nature, qui seul peut en changer les lois, ne fait pas ou ne fait pas faire par ses saints tous les miracles de la même manière. Il est maître de ses dons, il les distribue comme il veut, quand il veut, et à qui bon lui semble. Ainsi mademoiselle de Tinseau fut guérie radicalement et instantanément, mademoiselle Poirier le fut progressivement; Notre-Dame de Lourdes; puisque c'est à son intercession qu'est due cette insigne faveur, lui a rétabli les jambes dans leur état normal et les a parfaitement redressées, mais elle a laissé au temps et à la nature, qui sont aussi l'œuvre de Dieu, le soin de faire le reste.

Quelques jours après son retour, M. le curé de Marcilly écrivait à M. le curé d'Argouges, au sujet de sa nièce, la lettre intéressante qu'on va lire :

« MONSIEUR LE CURÉ,

» C'est à la gare de Vitré que j'ai vu pour la première fois mademoiselle Marie Poirier, votre nièce. M. l'abbé Morin, coadjuteur de Saint-Loup, me demanda : « Avez-vous vu la petite infirme? — Non, lui répondis-je; j'ignorais en effet que nous eussions avec nous une infirme.—Passez donc par ici », ajouta-t-il. Et je le suivis dans la salle des premières. Je vis alors sur un canapé la pauvre enfant, qui était d'une pâleur et d'une faiblesse extrêmes. Elle n'était point assise, elle n'était point couchée. Penchée légèrement sur le côté gauche, elle avait les jambes repliées sous elle et sur sa poitrine. En la voyant ainsi je me sentis touché, mes yeux devinrent humides, et je vis que mon impression était partagée par tous ceux qui la voyaient comme moi. J'entendais dire dans l'entourage : « Quelle bonne figure ! quelle figure intéressante ! Voilà bien une figure à miracle ! » Je m'approchai, je lui adressai la parole et prononçai le mot de *guérison!*... « Comme le bon Dieu voudra », répondit-elle. Je sortis, j'étais ému. Comment avait-elle pu venir jusqu'à Vitré? La faiblesse était telle qu'il lui était impossible de rien prendre. On lui offrit un peu de vin d'Espagne, elle essaya d'en goûter, puis rendit le vase en disant : « Je ne puis pas!... »

» Certes il lui a fallu bien du courage pour ne pas se rebuter dès le commencement, et l'on conçoit que vous ayez fait opposition à ce voyage. Il y avait, au point de vue humain, une impardonnable témérité à l'entreprendre. Mais la bonne mère était là, et la vivacité du désir de la pauvre infirme la soutenait. Elle était d'ailleurs restée dans l'obéissance; son confesseur lui avait permis d'essayer : « Allez jusqu'à Saint-James, lui avait-il dit, et, si vous êtes fatiguée, vous reviendrez ; vous reviendrez de Fougères... vous rèviendrez de Vitré... Enfin vous verrez (1). » Elle a donné de graves inquiétudes aux personnes qui l'accompagnaient, mais elle n'a point parlé de revenir. Quoique son désir de faire le pèlerinage eût trois ans de date, elle ne l'aurait jamais fait si son confesseur ne le lui eût pas permis. Elle avait d'ailleurs de si bonnes réponses à donner à ceux qui lui faisaient voir les obstacles : « Eh bien, si je reviens sans être guérie, je serai toujours heureuse d'avoir fait le pèlerinage de Lourdes. » Et encore : « Si je meurs en chemin, je mourrai dans le chemin du ciel... » Sera-t-on surpris maintenant qu'avec de tels sentiments, qui se reflétaient si bien sur sa physionomie, elle ait gagné, à première vue, les sympathies de tous les pèlerins ? Aussi tous les Bretons ont bien prié pour la petite Normande. Sa mère, pendant la route, lui soutenait les jambes de ses mains. Pour la laisser plus au large on se pressa sur l'autre siége en face.

» Sur le soir, elle inspira les plus vives inquiétudes,

---

(1) Ce conseil est bien digne de la prudence de M. le curé de Saint-Aubin, mais il ne l'a pas donné. Il dit sans aucune restriction : « Allez, allez à Lourdes. » Ce sont les deux sœurs qui réglèrent ensemble ce plan de voyage.

« Oh ! c'est fini, fut-il dit, elle va mourir ! » Le lende-
demain, en traversant le département des Landes, elle
éprouva une sorte d'étouffement.

» Cependant nous courions sur Lourdes à toute vapeur et nous y arrivâmes à quatre heures du soir,
avec deux heures de retard. A six heures nous nous
rendîmes processionnellement à la Grotte, chaque
pèlerin portant un cierge à la main. Après avoir
reçu la bénédiction du très-saint Sacrement dans la
magnifique église qui surmonte les roches Massabielle, nous descendîmes, toujours processionnellement et le cierge à la main, à la Grotte de l'Apparition,
où nous fîmes une station. Puis nous rentrâmes à
Lourdes comme nous étions venus ; mais en passant
auprès de la source miraculeuse, je puisai trois fois
de l'eau et je bus.

» Le lendemain, après une nuit de repos, Marie fut
apportée à la Grotte ; elle fut plongée à trois reprises
et jusqu'au cou dans la piscine, où elle éprouva déjà
du soulagement. Au sortir de ce lieu elle fut intro-
duite dans la Grotte dont les grilles venaient d'être
ouvertes, et c'est là qu'elle rencontra mademoiselle Marie de Tinseau, dont la guérison subite et
complète avait eu lieu quelques instants auparavant.

» Je ne puis me défendre de faire remarquer les rapports frappants qui existent entre sa guérison et celle qui l'avait précédée. C'est après une fièvre ty-phoïde que mademoiselle de Tinseau est devenue paralysée ; c'est après une fièvre typhoïde que made-moiselle Poirier reste percluse. Elles arrivent le même jour ; mademoiselle de Tinseau est enveloppée pendant la nuit de linges trempés dans la source mi-raculeuse, votre nièce est plongée trois fois jusqu'au cou, le matin, dans la piscine ; pas de sensation de fraîcheur, la respiration devient plus aisée ; un bien-être, depuis longtemps inconnu, se fait sentir dans la poitrine. Les deux jeunes personnes se rencontrent à la Grotte, et mademoiselle de Tinseau atteste le sen-timent de vive sympathie qui l'enchaîne, pour ainsi dire, à votre nièce.

» Bernadette, dont j'ai vu la maison, parce que je m'étais égaré seul à minuit et demi, par un beau clair de lune, Bernadette avait senti comme un fluide qu'elle prit d'abord pour un coup de vent, lors de la première apparition. Mademoiselle de Tinseau croit sentir comme un fluide qui passe d'elle-même à mademoi-selle Poirier, et réciproquement. Après quelques minutes de prière à la Grotte, mademoiselle de Tinseau se lève toute grande, étend les bras en croix et s'écrie : « Je suis guérie ! Vive Marie ! Chantez le *Magnificat !* » Mademoiselle Poirier entre dans la Grotte, et, au bout de quelques minutes de prières, se dresse aussi toute grande, étend les bras en croix et pousse les mêmes cris ; puis elle s'élance vers le rocher. On dirait qu'elle veut grimper vers la statue qui représente l'Apparition. Seulement la première guérison était complète, tandis que pour la seconde il restait encore une grande faiblesse dans les jambes, mais elles étaient redressées et allongées.

» On voulut faire prendre quelque chose à votre nièce, qui, dans tout le voyage, n'avait pu accepter que quelques gouttes de lait. « Oh ! non, répondit-elle, je voudrais communier. » A genoux, dans le chœur de la chapelle, elle dit : « Je n'ai pas assisté à la messe ! » Monseigneur de Saint-Dié était là, faisant son action de grâces ; il se retourna : « Soyez tranquille, mon enfant, lui dit-il ; c'est moi qui vais vous donner la sainte communion. » L'heureuse enfant s'approchait de l'autel sans se lever, mais en marchant sur ses genoux, comme avait fait du reste mademoiselle de Tinseau, lorsque monseigneur lui dit : « Non, mon enfant, ne bougez pas; je vais vous porter le bon Dieu à votre place... »

» Quelque temps après, je répondais la messe dans une chapelle latérale, lorsque Marie vint à passer tout près. Je lui serrai les mains en m'écriant : « C'est vous, ma pauvre enfant ! » L'émotion, du reste, était à son comble dans toute la foule, comme vous le pensez bien. Au moment de l'annonce de cette faveur nouvelle, quand se firent entendre ces mots : « Cette jeune personne est du diocèse de Coutances », M. Morin s'écria tout haut : « C'est la nôtre ! » Je disais de mon côté : « Oh ! elle est de notre pays »; et l'on m'entourait, on me questionnait : je répondais comme je pouvais. La pauvre enfant elle-même, comment donc a-t-elle dû être impressionnée ? Elle devait se trouver hors d'elle-même. Au reste, il paraît qu'elle a perdu le souvenir de ce qui s'est passé à la Grotte, car je l'ai entendue dire : « Les autres disent cela; moi, je ne m'en souviens pas... »

» Quand il fallut remonter en wagon pour le retour, il y avait encore bien des yeux humides. Dès qu'il y avait un arrêt, les pèlerins assiégeaient la portière du wagon où se trouvait la guérie. On lui présentait, qui une image, qui un livre, la priant de vouloir bien y écrire quelques mots. Puis, quand le sifflet appelait en voiture, on lui laissait les objets qu'on lui avait confiés, pour les reprendre au prochain arrêt...

» Daignez agréer, etc.

» LEMOULAND, curé de Marcilly. »

Le 20 octobre 1873, M. le docteur Cochet, appelé au nom de monseigneur par M. le curé de Saint-Aubin, visita son ancienne malade et rédigea un rapport tout à la fois aussi précis et aussi développé qu'on pouvait le désirer. Je le cite *in extenso :*

« Monsieur le curé,

» Vous me faites l'honneur de me demander, au nom de monseigneur l'évêque, mon avis au point de vue médical et scientifique sur la guérison extraordinaire survenue chez Marie Poirier, le 8 de ce mois. Afin de bien motiver cette appréciation, il est nécessaire que j'entre dans quelques développements sur les circonstances qui ont précédé et accompagné cet événement.

» En avril 1866, Marie Poirier, âgée de quinze ans, d'un tempérament lymphatique et d'une constitution très-délicate, fut atteinte d'une *angine tonsillaire,* bientôt suivie d'une fièvre typhoïde. Pendant la longue durée de celle-ci, la petite malade prit l'habitude de se pelotonner, en quelque sorte, sur elle-même dans son lit; en sorte que, lorsque après bien des semaines la convalescence survint enfin, on constata que les membres inférieurs étaient fortement fléchis, les jambes sur les cuisses et celles-ci sur le bassin. Telle est l'origine de l'infirmité qui vient d'être si étrangement guérie.

» Un traitement approprié fut alors institué par moi pour remédier à un pareil état de choses. Comme il n'existait pas d'ankylose, mais simplement une rétraction des tendons fléchisseurs, je me bornai à conseiller l'emploi de moyens simples, dont je laissai l'application à la famille. Très-défectueusement appliqué, ce traitement resta infructueux, et le mal fit des progrès tels que, en 1867, il n'eût pu être efficacement combattu que par l'emploi de moyens orthopédiques inapplicables à la campagne, ou par des opérations chirurgicales qui ne furent pas acceptées. Mon changement de résidence, qui eut lieu en 1868, me fit perdre de vue la jeune malade, dont je n'avais pas entendu parler jusque dans ces derniers jours.

» Selon votre désir, monsieur le curé, je me suis ren-

du, le 20 de ce mois, auprès de mademoiselle Poirier,
afin de juger par moi-même de son état actuel, et de
prendre près d'elle et de sa famille tous les renseignements qui me sont nécessaires pour asseoir mon opi-
nion. Il résulte des déclarations qui m'ont été fournies
que, depuis les derniers soins que je lui ai donnés en
1867, sa situation est devenue de plus en plus déplorable. Les membres inférieurs étaient tellement fléchis
que les genoux étaient ramenés sur la poitrine, et les
talons en quelque sorte immobilisés sur les ischions.
Tout écartement des angles articulaires dans les régions déformées était devenu impossible, et la malade,
ne pouvant plus se mouvoir, devait être transportée
par quelqu'un toutes les fois qu'il lui était nécessaire
de changer de place et même de position. Sa santé
générale avait beaucoup souffert d'un pareil état de
choses. Des douleurs sternales aiguës et incessantes
fatiguaient jour et nuit la malade, en même temps
que des vomissements, sans cesse renouvelés, com-
promettaient gravement la nutrition. Aussi la faiblesse
et la maigreur étaient extrêmes, et la voix presque
éteinte.

» C'est dans cet état de santé que, le 5 octobre, fut
entrepris le voyage de Lourdes, où elle arriva le 7.

Le lendemain 8 au matin, la jeune malade, conduite à la piscine, y subit trois immersions rapides et consécutives. A chaque fois elle fut plongée jusqu'au cou dans l'eau, qui ne lui communiqua, dit-elle, aucune sensation de froid, mais tout au contraire un sentiment de bien-être inaccoutumé, qu'elle attribue à la disparition subite de ses douleurs de poitrine. Transportée dans la Grotte, elle y était depuis cinq à dix minutes assise sur une chaise dont la traverse antérieure supportait ses talons, lorsque ses jambes s'allongèrent. La jeune fille, qui affirme n'avoir pas eu conscience de ce qui se passait sur elle en ce moment, déclare cependant avoir ressenti tout à coup une vive douleur dans les deux genoux, sur lesquels un mouvement instinctif lui fit porter les mains, comme pour aider à l'extension qui se produisait. Elle tomba à genoux, et, après être restée quelques instants dans cette posture, elle se releva, fit deux ou trois pas seule, jusqu'au moment où sa mère se présenta pour la soutenir. Tout cela s'accomplit dans l'espace de quelques minutes.

» Une érosion superficielle s'était produite à la peau des jarrets au moment où ceux-ci se redressaient.

» Tel est le récit qui m'a été fait des circonstances

qui se sont produites au moment de cette guérison.

» J'aurai complété cet exposé en ajoutant que, le
lundi 20 octobre, douze jours après les événements
ci-dessus relatés, j'ai trouvé la jeune Poirier dans
l'état de santé suivant : sa physionnomie, sauf un peu
de pâleur, respire la santé et accuse à peine quelques
traces de ses souffrances passées ; les vomissements ont
cessé, l'appétit est excellent, les forces renaissent. Aux
membres inférieurs on constate la guérison complète
des érosions des jarrets, l'intégrité des tendons dans
leur continuité, un certain degré de rigidité dans ceux
qui limitent de chaque côté les creux poplités. Les
muscles des jambes et des cuisses ont subi un certain
degré d'atrophie ; les mouvements d'extension et de
flexion ont repris toute leur liberté ; la marche n'est
pas douloureuse ; mais elle est chancelante et un peu
incertaine. Bref cette jeune personne me semble à peu
près complétement guérie de sa longue et douloureuse infirmité.

» Avant d'arriver à l'objet plus spécial de cette note,
je dois avouer qu'elle exige un desideratum important
dans l'historique de l'observation médicale qui précè-
cède : c'est que, n'ayant pas vu la jeune malade avant

son départ pour Lourdes, on peut penser qu'il m'ait été difficile de me rendre un compte exact et rigoureux de l'état des organes à ce moment. Cette objection perd toute sa valeur si l'on se rappelle que dès 1867 j'avais trouvé la jeune malade dans un état fort compromis, et que, d'après les renseignements émanés d'elle-même et de son entourage, son infirmité n'avait pas cessé de s'aggraver jusqu'au moment de sa guérison.

» D'ailleurs les faits de ce genre ne sont pas sans exemple dans la science, et l'on peut sans témérité, raisonnant par analogie, affirmer qu'au bout de sept ans les modifications suivantes s'étaient nécessairement produites dans l'état anatomique des organes lésés : rétraction et rigidité extrêmes des tendons des aponévroses et autres tissus fibreux; adhérences intimes des tendons avec leurs gaînes, et de celles-ci avec les tissus environnants; tassement et raccourcissement du tissu cellulaire et de la peau; atrophie des muscles; sécheresse et rigidité des surfaces articulaires, etc., etc...

» Et maintenant, est-il possible d'expliquer par les données ordinaires de la science la guérison d'une pareille infirmité et de pareilles lésions, alors que cette guérison est survenue instantanément et sans l'emploi d'aucun moyen de traitement? Il est incontestable que cet état pouvait se guérir, mais à la condition que l'on eût mis en usage les moyens de traitement usités en pareil cas. Mais ici il n'y a pas eu de traitement, car on ne saurait appeler de ce nom l'immersion dans la piscine. Pour être efficace, l'hydrothérapie exige d'autres applications et d'autres lenteurs. Pourrait-on arguer de je ne sais quelle surexcitation morale? Ce ne serait pas sérieux; car la volonté, si énergique qu'elle soit, ne saurait rendre en quelques minutes leur rectitude à des membres contracturés depuis sep ans. Je suis donc amené à conclure que, sauf insuffisance de ma part, la guérison de Marie Poirier est complétement en dehors des données et des règles de la science, et qu'il faut rechercher l'explication de ce fait extraordinaire ailleurs que dans les lois de la médecine.

» Veuillez agréer, monsieur le curé, la respectueuse assurance des sentiments distingués avec lesquels j'ai l'honneur d'être votre très-humble serviteur.

» Dr Cochet. »

J'emprunte à un jeune prêtre breton le récit de la

belle fête d'actions de grâces célébrée par M. le curé d'Argouges; il est adressé au rédacteur de la semaine religieuse de son diocèse :

» Monsieur le directeur,

» Permettez-moi de faire part à vos lecteurs d'une bien touchante cérémonie qui vient d'avoir lieu à Argouges, canton de Saint-James, à l'occasion de la visite de Marie Poirier, la miraculée de Lourdes, à son oncle, le vénérable curé de cette paroisse.

» Vous avez vu, par les lettres publiées la semaine dernière, que M. le curé d'Argouges, craignant pour sa nièce les fatigues inséparables d'un voyage à Lourdes, s'y était formellement opposé. Mais à peine eut-il appris la guérison de sa chère malade, qu'il se reprocha cette hésitation, pourtant bien naturelle, comme un manque de confiance à l'égard de Celle que l'Église se plaît à nommer le *salut des infirmes*.

» Désirant réparer ce qu'il appelait une faute, ce vénérable ecclésiastique avait invité, la semaine dernière, une vingtaine de ses confrères à une messe d'actions de grâces, célébrée par lui, en présence de la miraculée.

» Par une attention aussi délicate que charmante, le

bon curé avait voulu que la Bretagne, témoin à Lourdes, du fait miraculeux, fût admise à s'associer à cet acte de profonde reconnaissance. C'est ce qui explique la présence à cette fête d'un petit groupe de prêtres du diocèse de Rennes, dont j'avais l'honneur et le bonheur de faire partie. Le mercredi 12 novembre avait été choisi pour cette réunion solennelle. C'était donc fête ce jour-là dans la paroisse d'Argouges, et à dix heures l'église était remplie d'une foule sympathique. Pendant l'office divin solennellement célébré, Marie Poirier, profondément recueillie, méditait sans doute sur les grandes choses que Notre-Seigneur avait bien voulu opérer en elle par l'entremise de sa sainte Mère.

» Après le chant de l'évangile, M. le curé doyen du canton de Saint-James monta en chaire. La bonté toute puissante de Marie fut le thème qu'il développa dans une brillante improvisation ; et, dans un langage aussi élevé que correct, l'orateur n'eut pas de peine à établir que Marie Immaculée avait toujours eu pour les âmes qui lui ressemblent davantage, des tendresses spéciales et des attentions particulières. Puis, s'adressant à la miraculée : « Nous nous associons, ma chère enfant, lui dit-il d'une voix émue, à vos actions de grâces et de reconnaissance, et nous remercions avec vous Celle qui vous a si maternellement guérie. Ah ! vous que Marie a traitée avec tant de bonté, vous qui, comme Bernadette, avez mérité d'attirer sur vous les regards de la Vierge Immaculée ; vous qui pouvez sans crainte lui donner le doux nom de Mère, priez pour nous ; priez pour l'Église et son auguste chef si persécuté en ce moment ; priez pour la France, notre malheureuse patrie. »

» Marie Poirier avait rougi en entendant ces paroles ; et, pour cacher son trouble, je la voyais passer de temps en temps sa main tremblante sur son visage baigné de pleurs. L'émotion avait gagné l'assistance tout entière ; tous les regards s'étaient tournés vers la miraculée, j'entendis bien des soupirs, je vis couler bien des larmes.

» A la communion du célébrant, Marie quitta son banc et vint s'agenouiller à la table sainte pour y recevoir Celui qui s'est nommé le Pain-de vie. Elle paraissait très-émue et priait avec ferveur. J'observai qu'au sortir de la sainte table sa démarche était plus ferme et plus aisée ; sans doute Jésus, le pain des forts, s'était plu à augmenter ses forces d'une manière sensible. Vingt à trente personnes, amies ou parentes de cette chère enfant, communiaient avec elle, et, sans aucun doute, à son intention.

» Peu de temps après la cérémonie, que couronna naturellement le chant du *Te Deum*, Marie Poirier se rendit à pied au presbytère; je l'y rejoignis bientôt, je la rencontrai à la cuisine, prenant un potage du meilleur appétit du monde. Il était onze heures et demie; une voiture l'avait amenée de Saint-Aubin, distant d'Argouges de seize kilomètres environ.

» Nous causâmes naturellement de notre pèlerinage de Lourdes. Je lui rappelai que j'avais eu le bonheur de lui serrer la main, à la Grotte même, quelques moments après sa guérison; elle me regarda attentivement, crut me reconnaître, et me conjura, en souriant, de continuer de prier pour elle. En l'entretenant ainsi, je remarquai qu'elle sait ramener fort à propos la conversation sur la bonté de Celle qui l'a guérie, et qu'elle a toujours un mot charmant à son adresse.

» La nièce de M. le curé d'Argouges est en correspondance avec mademoiselle de Tinseau de Saint-Ylie près Dole (Jura), guérie comme elle, à la Grotte de Lourdes, le mercredi 8 octobre, vers sept heures et demie du matin. J'ai eu entre les mains une longue lettre de cette jeune personne qui continue à jouir

d'une santé parfaite ; je l'ai parcourue plusieurs fois.
L'écriture est loin d'être soignée, mais les sentiments
qui y sont exprimés respirent tant de foi et d'amour,
qu'on ne peut lire, sans une émotion profonde, ces
lignes dictées par un cœur encore tout frémissant de
reconnaissance envers son auguste bienfaitrice.

» Au repas de famille qui suivit la cérémonie du matin, Marie Poirier se montra gaie, enjouée même ;
c'était plaisir de la voir brillante de santé et souriante
auprès de son oncle, radieux de bonheur. On lut à
table un rapport très-remarquable sur cette guérison
extraordinaire. C'est l'œuvre d'un docteur médecin
d'Avranches, très-connu dans cet arrondissement pour
son honorabilité parfaite, ses connaissances médicales
et sa piété profonde. M. le docteur Cochet, qui avait
donné ses soins à la malade et qui l'avait laissée depuis cinq ans dans un état désespéré, ne craint pas
d'affirmer, devant cette guérison instantanée, que la
médecine est impuissante à expliquer ce fait extraordinaire, et qu'il faut en chercher l'explication dans
une cause surnaturelle.

» Pardonnez-moi, monsieur le directeur, cette lettre
trop longue sans doute, mais dont tout le dessein est
de faire connaître davantage la bonté de Marie Imma-

culée et les tendresses inépuisables de son cœur
maternel.

» Agréez, monsieur le directeur, etc.

» L. T. »

La connaissance étrange demademoiselle Poirier
avec mademoiselle de Tinseau inaugura entre ces
deux privilégiées de la Vierge Immaculée des relations
que la mort seule peut briser. Pareille était leur foi,
pareille devait être aussi leur reconnaissance. S'ex-
horter à mener une vie de plus en plus agréable à Jésus et à Marie, tel a été le résultat de
leur merveilleuse rencontre à la Grotte de Lourdes.

» Le monde, incapable de comprendre la joie in-
nocente au souvenir d'un bienfait reçu, ne doit point
connaître ce que pensent, ce que se racontent ces
deux amies dont le cœur est pénétré de gratitude envers leur auguste bienfaitrice. Je ne citerai qu'une
partie des deux premières lettres, qui sont comme
la porte d'entrée de cette pieuse correspondance et
qui ne révèlent aucun secret d'intimité. Elles réjoui-
ront les yeux du lecteur et toucheront son cœur; il
s'y arrêtera avec bonheur et respirera avec plaisir

leurs doux parfums, comme le voyageur qui, rencon-
trant sur sa route une belle fleur, s'arrête, la cueille
et la flaire souvent, charmé de sa suave odeur. C'est
mademoiselle de Tinseau qui prend l'initiative ; on la
croirait déjà depuis longtemps chez les Carmélites de
Lons-le-Saulnier, sa lettre respire la plus douce piété
des filles de Sainte-Thérèse. Écoutons :

» Saint-Ylie, le 30 octobre 1873.

» Mademoiselle,

» Vous rappelez-vous que, un instant après ma guérison dans la Grotte de Lourdes, le 8 octobre, vous y
fûtes apportée ?... Je fus fort émue de votre état et
fort impressionnée de votre physionomie douce, angélique, élevée vers le ciel, de votre foi, de votre désir de guérir. J'étais, par suite du grand événement
surnaturel dont je venais d'être l'indigne objet, dans
un état hors de nature, je sentais comme une sorte
de fluide tout surnaturel, qui n'avait rien de naturel,
mais que je puis comparer au fluide électrique ; je le
sentais, dis-je, allant de moi à vous et de vous à moi ;
il me semblait qu'à ce contact divin vos membres
devaient se détendre...

» Toute la journée j'ai été occupée de vous sans pouvoir vous joindre ; le lendemain matin je repartais pour la Franche-Comté. Depuis, je n'ai pas cessé de désirer avoir de vos nouvelles et de penser à vous comme à une privilégiée de Dieu plus digne et plus favorisée que moi des dons de l'âme et du cœur, qui sont les seuls vraiment précieux et enviables. Je vous prie de me faire donner de vos nouvelles, je les désire vivement et vous prie de ne pas me les refuser ; s'il vous était impossible de le faire vous-même, priez M. votre curé ou quelqu'un de votre famille de vouloir bien le faire ; vous me ferez un grand plaisir et à d'autres qui s'intéressent à vous.

» Si vous n'êtes pas entièrement guérie, ayez de plus en plus foi, confiance, courage, et répandez votre âme devant Dieu et sa sainte Mère ; remerciez-les de ce qu'ils ont déjà fait. Si vous êtes guérie, songez comme moi qu'il faut prier, se recueillir, se consacrer au service de Dieu et de sa sainte Mère. Priez beaucoup pour moi, chère enfant de Marie, et moi je le ferai pour vous.

» Restons très-unies dans les cœurs de Jésus et de Marie.

» Marie de Tinseau. »

Un peu plus tard cette noble fille du Jura envoyait à son amie son portrait tiré peu de temps avant sa maladie. Sur le dos elle avait écrit trois gracieux couplets de cantique qu'elle adressait à sa petite Normande pour l'exciter « à chanter son bonheur ». Et, comme si elle voulait aussi lui donner le ton, elle prend soin de lui indiquer l'air : *Catholique et Breton toujours.*

Je ne puis résister au plaisir de citer ces beaux vers sortis d'un cœur plein de reconnaissance envers Notre-Dame de Lourdes :

> Au sein de la grotte bénie
> La Vierge répand ses faveurs ;
> Regardant sa fille chérie,
> Elle a su charmer ses douleurs.
> O Marie, ô Mère chérie...
> Et de sa main trois fois bénie,
> Attirant l'enfant de son cœur :
> « Enfant, la foi vous a guérie !
> » Allez, chantez votre bonheur ! »
> O Marie ! ô Mère chérie...
> O Vierge, ô Reine Immaculée,
> Oui, je suis à vous pour jamais !
> Je suis votre miraculée,
> Je veux exalter vos bienfaits.
> O Marie, ô Mère chérie...

Mademoiselle Poirier répondit en ces termes à la lettre de mademoiselle de Tinseau :

« Bonne demoiselle,

» Impossible de vous dire le plaisir que m'a causé votre charmante lettre. Je l'ai lue, relue, je la sais par cœur comme une leçon de catéchisme. Votre doux souvenir ne me quittait point; je vous avais toujours présente devant les yeux, je vous voyais sans cesse auprès de moi; mes oreilles retentissaient continuellement de vos consolantes paroles. Oh! que j'étais fortement impressionnée! j'ai peine encore à retenir mes larmes en vous rappelant votre belle action. Eh bien! c'est pendant que j'étais ainsi tout occupée de votre chère personne que votre admirable lettre m'arriva; jugez maintenant si elle fut bien accueillie, je ne faisais que pleurer en la lisant.

» Depuis mon retour dans mon village, je pensais toujours à vous écrire, mais je n'osais pas le faire; d'un autre côté, je n'avais pas votre adresse assez exacte. Vous avez été plus hardie que moi, je vous en remercie mille fois. O bonne demoiselle! par les charitables avis et les tendres conseils dont votre lettre est pleine, vous avez voulu continuer ce que vous aviez si bien commencé à Lourdes; merci une seconde fois, mille fois merci. Je ne puis mieux vous en témoigner toute ma reconnaissance.

» Maintenant, veuillez me permettre une petite liberté avec vous. Votre première lettre m'a été si agréable que je désire vivement la voir suivie de plusieurs autres; c'est pourquoi, si cela vous fait plaisir, vous m'écrirez de temps en temps, et je tâcherai de vous répondre de mon mieux, avec ma simplicité villageoise; je compte sur votre indulgence pour ne pas la mépriser et encore moins vous en offenser. Il y aura désormais, si vous le voulez bien, entre nous deux une petite correspondance toute de piété. A vous, excellente demoiselle, sera l'honneur de l'avoir ouverte, et à moi le bonheur de vous avoir engagée à la continuer. Nous nous exciterons l'une et l'autre à l'amour de Dieu, à la dévotion envers Notre-Dame de Lourdes, qui a daigné abaisser sur nous deux un regard de miséricorde et nous bénir le même jour ensemble. Oh! n'est-ce pas, nous prierons bien cette bonne Mère du ciel de nous continuer son secours et sa protection?

» Votre humilité vous défend de dire avoir été plus favorisée que moi, et cependant vous l'avez été d'une manière bien évidente, quoique vous prétendiez le contraire. C'est bien à moi et non à vous qu'il appartient de dire que vous étiez plus digne des faveurs de Marie; je le dis aussi, mais sans envie, sans jalousie, soyez-en sûre. La très-sainte Vierge, en nous guérissant d'une manière différente, vous subitement, moi progressivement, a eu ses desseins; il faut les respecter sans chercher à les approfondir. Hélas! je ne crains qu'une chose, c'est de ne pas être assez reconnaissante envers cette bonne Mère; veuillez m'aider à remplir ce grand devoir.

» ... Ma bonne demoiselle, transportons-nous souvent dans la Grotte de Lourdes où la sainte Vierge nous a unies, et là, l'une auprès de l'autre, comme le 8 octobre, prions de tout notre cœur cette bonne Mère de nous conserver toujours pures, simples et modestes. Ah! surtout, demandons-lui la belle vertu d'humilité, qu'elle aime tant à trouver chez ses enfants, parce que ça a été sa vertu chérie pendant toute sa vie sur la terre; priez bien Marie que je ne prenne point d'orgueil ni de vanité de toutes ces félicitations, de toutes ces paroles flatteuses dont je suis étourdie depuis longtemps. De grâce, obtenez-moi l'humilité, j'en sens vivement le besoin.

» Il manquerait quelque chose à cette lettre si je ne

vous disais pas un mot de ma santé. Grâces à Dieu et à sa sainte Mère, elle est bonne ; pas aussi forte que la vôtre, mais je la trouve vraiment bonne : j'ai bon appétit, je me nourris bien, je mange peu à la fois, mais souvent. Il n'y a plus chez moi qu'un peu de faiblesse qui s'en va tous les jours. Maintenant je marche seule et sans aucun appui ; assurément je ne prendrais pas un lièvre à la course, mais je me trouve bien heureuse d'aller tout doucement.

» J'ai reçu avec plaisir les deux *Semaines religieuses* que vous avez eu la complaisance de m'envoyer, je vous en remercie beaucoup ; j'ai lu avec un grand intérêt toutes les pages où l'on parle de vous. Ceci a encore augmenté mon estime et mon affection pour vous. Plusieurs personnes ont aussi été très-contentes de lire ces belles pages.

» J'éprouve tant de joie et de bonheur à m'entretenir avec vous que je ne puis finir cette lettre, et cependant je m'aperçois qu'elle est bien trop longue et qu'il est grand temps de cesser.

» Je vous embrasse bien affectueusement, mademoiselle, et vous donne rendez-vous dans les saints cœurs de Jésus et de Marie Immaculée. Votre très-humble servante.

» Marie Poirier. »

Désormais nos deux miraculées ne se traiteront
plus de demoiselles, ce mot leur déplaît; il est trop
grand, trop froid, et ne marque pas l'union intime
qui existe entre elles. Elles prendront un nom plus
doux et qui rendra mieux les sentiments de vive
affection qu'elles ont l'une pour l'autre; elles s'appel-
leront **sœurs**, et ce sera encore mademoiselle de Tinseau qui proposera ce beau nom à mademoiselle Poirier; mais celle-ci l'acceptera avec reconnaissance et
trouvera dans ce nom un nouveau lien qui l'attachera
plus fortement que jamais à sa noble sœur du Jura.

- Aujourd'hui mademoiselle Poirier se porte bien et
se nourrit bien, beaucoup mieux encore qu'au temps
où elle l'écrivait à sa sœur : sa physionomie respire
la fraîcheur et la santé, ses jambes ont repris leur
agilité naturelle, sa démarche est ferme et aisée au
point qu'elle fait maintenant des promenades assez
longues sans trop se fatiguer, enfin la guérison est
complète, et ce changement est survenu sans l'emploi
des moyens usités en pareil cas, ainsi que le remarque
fort judicieusement M. Cochet. Elle vient souvent
passer plusieurs jours au presbytère d'Argouges;
mais là, comme à Saint-Aubin et partout, on la voit
toujours la même, humble, simple, modeste, repous-

sant les éloges et se dérobant aux compliments. Tous ceux qui la voient admirent cette jeune personne si modeste, si candide et si pieuse, et plusieurs disent, je l'ai entendu bien des fois : « Ce n'est pas étonnant que la sainte Vierge ait fait un miracle pour elle, elle méritait bien cette faveur. » On la trouve toujours recueillie dans son maintien, retenue dans ses regards et charitable dans ses paroles. Il brille sur son visage un air de bonté, de douceur et de piété qui gagne les cœurs et les porte à Dieu. La modestie de Marie Poirier prouve à tous les regards combien elle est loin de se complaire dans les éloges que lui attire sa guérison miraculeuse. Sa vertu est supérieure à une tentation aussi délicate.

En partant pour Lourdes, le dimanche 5 octobre 1873, Marie Prime et sa sœur Constance avaient pris la résolution de faire peindre et décorer la statue de la sainte Vierge de leur église paroissiale, si Notre-Dame de Lourdes guérissait leur petite malade. La Vierge Immaculée les exauça, et les deux sœurs lui ont témoigné leur vive reconnaissance en faisant beaucoup plus qu'elles n'avaient promis ; elles ont donné à l'église de Saint-Aubin une grande et belle statue de Notre-Dame de Lourdes. M. le curé de Saint-James la bénissait le dimanche 3 mai, en présence d'un concours immense de fidèles venus de toutes les extrémités de Saint-Aubin et des paroisses voisines.

Quelques jours avant cette belle cérémonie, une amie de mademoiselle Poirier lui écrivait de Rennes pour lui annoncer qu'on organisait dans son diocèse un nouveau pèlerinage à Notre-Dame de Lourdes le 18 mai, et l'engageait à aller remercier la sainte Vierge avec les Bretons. Quelle bonne occasion! et quel temps favorable! dans le beau mois de Marie! assurément il en fallait moins pour décider la jeune miraculée. Cependant voici une troisième cause, et ce sera peut-être la plus puissante. C'est mademoiselle de Tinseau qui la fournit à sa sœur; elle lui écrit, le 3 mai, qu'elle fera bientôt un pèlerinage d'actions de grâces à Notre-Dame de Lourdes, et qu'en revenant elle entrera chez les Carmélites de Lons-le-Saulnier sans retourner dans sa famille; elle lui fait donc ses adieux, « les plus touchants adieux, dit mademoiselle Poirier », et l'engage à prier pour elle, l'assurant que de son côté elle ne l'oubliera jamais au milieu des filles de Thérèse. Par bonheur le pèlerinage de Saint-Claude coïncidait avec celui de Rennes. On s'imagine la joie de mademoiselle Poirier en apprenant cette heureuse nouvelle. Elle pria donc son oncle de vouloir bien la conduire. M. le curé d'Argouges se garda bien cette fois d'empêcher sa nièce ; au contraire, il lui promit de la mener avec lui, et c'est lui-même qui l'informa le premier de la coïncidence de ces deux pèlerinages.

Le lundi 18 mai, mademoiselle Poirier toute joyeuse retournait à Lourdes accompagnée de son oncle, de son cousin, M. le vicaire de la Croix, de sa marraine et de sa tante Constance. A l'aller comme au retour les pèlerins suivirent absolument le même itinéraire que le 6 octobre de l'année précédente. Les deux sœurs s'étaient déjà fixées un rendez-vous à Lourdes ; mais Dieu ne voulut pas leur accorder le bonheur de se voir et de s'entretenir ensemble une seconde fois. Dès son arrivée à Lourdes, mademoiselle Poirier demanda si le pèlerinage de Saint-Claude était venu ; on lui répondit négativement, et plus tard elle sut qu'il était retardé de trois jours. Elle regretta vivement l'absence de sa chère sœur, car elle jouissait d'avance du bonheur qu'elle aurait à remercier avec elle dans la Grotte la Vierge Immaculée ; elle espérait l'entendre lui répéter de vive voix et cœur à cœur ses adieux, et elle se préparait à y répondre. La première visite de mademoiselle Poirier, à son entrée à Lourdes, fut à la Grotte, et quand elle eut le bonheur de pénétrer dans ce sanctuaire de Marie, elle s'agenouilla à l'endroit où elle était assise le 8 octobre, au moment de sa guérison, pria longtemps, remercia pieusement sa grande bienfaitrice et épancha son cœur dans celui de cette tendre Mère avec les sentiments de la plus vive reconnaissance. Le mercredi, elle passa presque toute la journée en prières à la basilique, à la Crypte, à la Grotte; c'est toujours dans ce lieu béni et sanctifié par Marie qu'elle revenait sans cesse; il a pour elle des charmes incomparables. Pendant tout son séjour à Lourdes mademoiselle Poirier ne voulut boire que de l'eau de la fontaine miraculeuse. Elle revint sans doute bien contente de ce beau pèlerinage où elle avait essayé de payer une faible partie de la grande dette de reconnaissance qu'elle a contractée envers son auguste patronne, mais toujours elle regretta de n'avoir pas vu sa chère sœur.

Ces deux heureuses miraculées n'ont plus aujourd'hui la même existence : l'une continue à vivre dans le monde, et l'autre a choisi une place au milieu des filles de Sainte-Thérèse; l'une édifie le monde par sa modestie et son angélique piété; l'autre, couronnée des roses du Carmel, embaume le cloître de l'odeur de ses vertus.

M. le curé d'Argouges rentra dans son presbytère, tout enthousiasmé de son voyage ; mais il ne lui suffisait pas d'avoir joint en cette belle circonstance ses remercîments à ceux de sa nièce, il voulut en outre célébrer pompeusement le premier anniversaire de cette guérison miraculeuse. A mesure que ce grand jour approchait, il méditait sur cette joyeuse fête et sur l'éclat qu'il voulait lui donner. Le dimanche 4 octobre il annonçait à ses paroissiens que le jeudi 8 du même mois, était le joyeux anniversaire de la guérison miraculeuse de sa nièce à Notre-Dame de Lourdes ; il leur disait qu'une messe solennelle d'actions de grâces serait célébrée en ce jour, à 10 heures, par M. l'abbé Caillemer, vicaire général, et qu'un curé du diocèse de Bayeux lui avait promis de prêcher. Il les engagea vivement à venir en grand nombre à cette belle cérémonie unir leurs prières aux siennes et remercier Notre-Dame de Lourdes ; il exhorta aussi les âmes pieuses à vouloir bien faire la sainte Communion à cette intention, et il ajouta : « Nous élèverons un beau trône à la sainte Vierge, comme au mois de mai. Les personnes qui voudront contribuer à le décorer et à l'illuminer me feront plaisir. »

Plusieurs prêtres de Normandie et de Bretagne, qui avaient fait le pèlerinage avec mademoiselle Poirier et prié pour sa guérison, furent invités à ce glorieux anniversaire ; ils s'y rendirent avec empressement, tant ils avaient hâte de revoir leur miraculée.

Le mercredi, un homme adroit et ingénieux de la bourgade dressa un trône magnifique à la sainte Vierge ; plusieurs mains habiles et industrieuses l'ornèrent et le décorèrent avec un goût exquis. Parmi les ouvrières, on remarquait comme une des plus actives, des plus appliquées, et en même temps des plus heureuses de son travail, Marie Poirier arrivée chez son oncle dès le lundi ; la joie, le bonheur, rayonnaient sur son visage. Voici comment elle s'en exprima sur la fin du jour. « Jamais, dit-elle, je n'ai tant travaillé depuis un an ; mais c'est pour ma bonne Mère, je suis contente. »

Dès le matin du jeudi, le soleil était splendide et il continua de l'être toute la journée. A Lourdes, le 8 octobre 1873, la pluie tomba presque toute la matinée ; cette année-ci, à pareil jour, Dieu nous donnait un temps délicieux. Contraste frappant, qui n'a pas échappé aux pèlerins. Nul doute, le ciel prenait part à notre fête et marquait lui-même la différence de ces deux jours. Au matin du premier on portait Marie Poirier à la fontaine miraculeuse, après une nuit sans sommeil, et toute meurtrie encore du long voyage, pâle, défaite, presque sans mouvement, et ne répondant guère que du regard aux questions qu'on lui faisait sur son état; mais la Vierge immaculée, écoutant l'humble et confiante prière de son enfant, abaissa bientôt sur elle un regard de miséricorde, de tendresse, et lui répondit par les paroles de son divin Fils : « Je le veux, soyez guérie. » Tout était joie et bonheur au second jour, plus de tristesse, plus de souffrance, plus d'infirmité; Marie n'a plus besoin du bras d'autrui, elle va seule et toute joyeuse au temple du Seigneur, le remercier de ses grâces, se présenter à lui, comme à sa grande Bienfaitrice, et lui promettre en tribut de reconnaissance de passer sa vie à le bien servir.

L'heure mémorable, l'heure bénie (8 heures) allait sonner; l'enfant bien aimée de Marie le sait; aussitôt elle se recueille, ferme son esprit et son cœur à toute vaine préoccupation, et se rend à l'église. L'année dernière, à la même heure, Marie se baignait dans la piscine, ets on aimable Patronne lui guérissait la poitrine dans ce lieu ; une demi-heure après, elle lui allongeait les jambes dans la Grotte. M. le curé d'Argouges eut la pieuse pensée de faire dire à ce moment une première messe d'actions de grâces ; il en déféra l'honneur à M. le prédicateur. Marie était là, humble, modeste, recueillie, toute pénétrée de reconnaissance, repassant dans son cœur les merveilles de l'an passé. Elle resta à l'église jusqu'à la grand'messe, priant et remerciant sans cesse Notre-Dame de Lourdes. La veille elle disait : « Demain, je serai présente de corps à Argouges, mais ma pensée, mais mon cœur seront toujours dans la Grotte. Oh ! la Grotte ! que j'aime ce lieu sanctifié par Marie ! Comme Bernadette, je dirais volontiers ma grotte. Oui, c'est mon lieu de prédilection. »

À l'exemple de l'Apparition à Bernadette, le bon curé d'Argouges avait dit à ses enfants : « Je désire voir du monde à cette belle fête. » Sa parole fut entendue et son désir compris. L'église était presque pleine ; quelques personnes des paroisses voisines avaient voulu aussi honorer de leur présence cette pieuse cérémonie. La messe solennelle commença, chantée par un chœur de prêtres ; après l'Évangile, M. l'abbé le Couvreur, chanoine honoraire, curé de

Saint-Laurent de Bayeux, prit la parole. Il adressa à la nombreuse assemblée une touchante allocution sur les avantages des souffrances; elle fut entendue de tous et écoutée avec un profond recueillement. Les souvenirs se pressaient dans les cœurs; impossible de ne pas penser à la jeune miraculée qui avait souffert sept ans et demi sans se plaindre jamais et sans murmurer. Quand le moment de communier fut arrivé, Marie se lève, quitte sa place et vient humblement s'agenouiller à la sainte Table pour y recevoir Jésus; plusieurs personnes la suivirent et partagèrent son bonheur. L'année dernière, au sortir de la Grotte, on la porta dans la chapelle pour y faire la sainte Communion, comme elle le demandait; mais quand on l'eut déposée au milieu du chœur, elle se troubla et craignit de n'être pas bien préparée. « Je n'ai point assisté à la messe, dit-elle. » Il fallut que Mgr de Saint-Dié, président du pèlerinage franc-comtois, la rassurât; cette fois sa piété était mieux satisfaite et sa conscience plus tranquille, elle en avait entendu deux. A la fin de la messe, quatre jeunes prêtres vinrent se placer devant le trône de la sainte Vierge, élégamment paré et tout brillant de lumière, et chantèrent avec tout l'amour de leur cœur un long et admirable cantique en l'honneur de Notre-Dame de Lourdes.

Telle fut cette fête de prières et de douces émotions. Il semblait aux fidèles qu'elle finissait trop tôt ; tous s'en retournèrent satisfaits de ce qu'ils avaient vu, entendu et senti. Ils en garderont un doux souvenir.

Rentrée au presbytère, mademoiselle Poirier devint l'admiration de tous les pèlerins accourus à sa fête. Ils étaient heureux de revoir celle qui, l'année dernière, les avait tant émus de pitié par son infirmité ; ils contemplaient avec bonheur l'œuvre achevée de la sainte Vierge, que l'Église nous fait invoquer sous le beau nom de *Salut des infirmes ;* ils ne se lassaient pas de la regarder. « Quel changement et quel changement ! se disaient plusieurs d'entre eux ; la force où il n'y avait plus que faiblesse et langueur, un air de bonne santé dans un corps où elle semblait s'éteindre, la vie enfin où paraissait la mort ; plus de traces de maladie ; elle porte sur sa figure, dans sa marche, tous les signes d'une parfaite guérison. »

L'année dernière, comme elle était encore assez faible, pendant les premières semaines qui suivirent sa guérison, un respectable ecclésiastique écrivait à son oncle : « Je suis persuadé que si votre nièce employait les moyens que les médecins conseillent en pareil cas, les forces lui reviendraient plus vite, ses jambes se consolideraient, et la guérison complète s'effectuerait bientôt. » Mais l'enfant privilégiée de Marie avait une admirable réponse à ce charitable conseil; elle disait ingénument : « Je ne veux employer aucun moyen humain; j'attends tout de la sainte Vierge, qui ne voudra pas laisser son ouvrage imparfait. » Son oncle lui-même, allant la voir quand elle fut revenue de Lourdes, lui conseilla de prendre un bâton pour s'aider à marcher. « Oh ! non, répondit-elle aussitôt avec sa candeur ordinaire, ce serait manquer de confiance en Marie; je ne veux pas. La sainte Vierge fera tout. » Et la sainte Vierge, pour récompenser tant de foi, tant de confiance, tant d'amour chez son enfant chérie, a vraiment tout fait. L'art ne peut revendiquer aucune part dans cette prodigieuse guérison.

Une personne distinguée me disait un jour en parlant de mademoiselle Poirier : « Cette petite fille est bien fêtée partout; cela fait plaisir. » On craindra peut-être qu'au milieu de ces félicitations et de ces éloges qui retentissent sans cesse à ses oreilles, l'orgueil ne se glisse dans son cœur et ne lui enlève le mérite des vertus qui lui ont valu un si grand bienfait. Mais non, elle se conserve toujours humble, simple, modeste, et renvoie à Dieu et à Marie toutes les marques de respect, de sympathie et d'admiration qu'elle reçoit. Ses paroles le prouvent infiniment mieux que nous ne pourrions le dire. Voici ce qu'elle écrivait à son oncle quand il lui annonça que sa guérison serait écrite et publiée : « Oh ! mon oncle, que je voudrais bien qu'il ne fût rien dit de moi dans aucun livre ! Que je désirerais ne point être ainsi publiée ! J'aimerais bien mieux rester cachée et ignorée du monde, comme je l'étais avant d'être guérie, et qu'il ne fût rien dit de ma pauvre personne ; je serais bien plus assurée de mon salut. Quand j'y pense, cela me fait bien de la peine, et je voudrais que vous n'eussiez rien écrit à mon sujet. Je vous dis cela, mon bien cher oncle, comme je le pense, tout bonnement et en toute simplicité ; car c'est mon cœur qui vous parle, en vous écrivant, et j'ai une grande confiance en vous. » Ceux qui ont entretenu le plus intimement cette jeune personne ne doutent pas que ces relations, ces correspondances, ces regards jetés sur elle de toute part, au lieu de lui inspirer la moindre pensée de vanité, ne la rendent au contraire plus humble, plus dévouée, plus soumise à la volonté de Dieu, plus jalouse de la connaître, et plus désireuse de la bien faire.

Que le divin Maître garde longtemps au milieu de nous cette excellente petite fille; elle nous fait du bien, nous édifie, nous console; sa présence seule est une sublime prédication d'amour envers Marie.

———

Nous croyons être agréable à nos lecteurs en terminant ce volume par le cantique suivant, qui est très-goûté des pélerins.

CHAPELET DE NOTRE-DAME DE LOURDES

I

1. L'heure était venue
   Où l'airain sacré,
   De sa voix connue,
   Annonçait l'*Ave* (1).

REFRAIN

Ave, ave, ave, Maria!
Ave, ave, ave, Maria!

2. D'une main discrète,
   L'Ange, la prenant,
   Conduit Bernadette
   Au bord du torrent. *Ave...*

3. Un souffle qui passe
   Avertit l'enfant (2).
   Qu'une heure de grâce
   Sonne en ce moment. *Ave...*

(1) La première apparition eut lieu vers midi. « L'*Angelus* devait sonner en ce moment à tous les clochers des villages pyrénéens. »

H. LASSERRE.

(2) C'est le roulement impétueux d'un vent violent et inexplicable qui détermina Bernadette à lever la tête et à regarder du côté de la Grotte.

4. Sur Massabielle,
    Son œil voit soudain
    L'éclat qui révèle
    L'astre du matin. *Ave...*

5. C'est un doux visage,
    Rayonnant d'amour,
    Qu'entoure un nuage
    Plus beau que le jour. *Ave...*

6. Son regard s'inspire
    D'un reflet divin;
    Mais un doux sourire
    Dit : « Ne craignez rien ! » *Ave...*

7. ELLE a la parure
    D'un lis immortel;
    Elle a pour ceinture
    Un ruban du ciel. *Ave...*

8. On voit une rose
    Sur ses pieds bénis,
    Fraîchement éclose
    Dans le paradis. *Ave...*

9. On voit un rosaire
    Glisser dans sa main
    Et de la prière
    Tracer le chemin. *Ave...*

10. L'âme palpitante,
    Le cœur enivré,
    L'heureuse voyante
    Répétait : *Ave! Ave...*

II

1. L'extase s'achève,
  Le monde revient ;
  L'enfant se relève,
  Disant : A demain ! *Ave...*

2. Avant chaque aurore,
  Son cœur en éveil
  Par soupirs implore
  L'heure du réveil. *Ave...*

3. « Mère de la terre,
  Ne défendez pas (1)
  D'aller voir la Mère
  Qui paraît là-bas ! *Ave...*

4. » Elle était si belle !
  Je veux la revoir...
  Que désire-t-elle ?
  Je veux le savoir. » *Ave...*

5. Colombe fidèle,
  Elle prend l'essor (2),
  Vole à tire d'aile
  Au nouveau Thabor. *Ave...*

(1) Les parents de Bernadette, effrayés des menaces de la police, lui défendirent d'abord de retourner à la Grotte.

(2) « Il lui semblait que quelqu'un d'invisible la soulevait » quand elle se rendait au lieu de l'apparition.

6. « O Dame chérie,
   Que demandez-vous?
   Parlez, je vous prie,
   Et dites-le nous! » *Ave...*

7. Avec vos compagnes
   Venez quinze fois (1),
   Près de ces montagnes,
   Écouter ma voix. *Ave...*

8. « Enfant généreuse,
   Je vous le promets,
   Vous serez heureuse,
   Au ciel pour jamais. *Ave...*

9. — Si vous êtes bonne,
   Le monde est méchant ;
   Il ne me pardonne
   De vous voir souvent. *Ave...*

10. » Le savant s'offense
    De votre bonté ;
    Je n'ai pour défense
    Que la vérité. » *Ave...*

III

1. Près de la voyante,
   Au lever du jour,
   La foule croyante
   Se rend tour à tour. *Ave...*

(1) « Faites-moi la grâce de venir ici pendant *quinze jours*, dit la Vision à Bernadette. Je vous promets de vous rendre heureuse, non point dans ce monde, mais dans l'autre. »

2. La pauvre bergère,
   Comme un séraphin,
   Du ciel à la terre
   Franchit le chemin. *Ave,*

3. La voilà ravie
   Dans cette Beauté
   Que le temps envie
   A l'éternité ! *Ave...*

4. De son blanc visage
   Les traits allongés
   Vers la sainte Image
   Semblent emportés. *Ave...*

5. Pendant sa prière
   Brille sur son front
   La pure lumière
   De la Vision. *Ave...*

6. Le peuple fidèle
   Admire à genoux
   De l'aube éternelle
   Le reflet si doux. *Ave...*

7. « *Qu'avez-vous,* Madame?
   Murmura l'enfant.
   D'où vient que votre âme
   Est triste à présent? *Ave...*

8. » *Que faudrait-il faire*
   Pour tarir vos pleurs?
   — *Prier,* dit la Mère,
   Pour tous les pécheurs. *Ave...*

9. » Je veux qu'ici même,
En procession,
Le peuple qui m'aime
Invoque mon nom. *Ave...*

10. » Que d'une *chapelle*
Le marbre béni
Aux âges rappelle
Mon séjour ici. » *Ave...*

IV

1. O profond mystère
D'un profond amour!
Faut-il qu'une Mère
Trahisse à son tour! *Ave...*

2. Deux fois Bernadette
Vient aux lieux aimés;
Deux fois sur sa tête
Les cieux sont fermés (1). *Ave...*

3. « O Dame clémente,
Ne savez-vous pas
Qu'à votre voyante
On livre combats?

4. — Enfant, prends courage,
Et bannis l'effroi;
Il faut que l'orage
Éprouve la foi. » *Ave...*

(1) A deux fois différentes, pendant la *quinzaine*, la Vision sembla oublier sa promesse et ne parut point. Ce fut là une des plus rudes épreuves de Bernadette.

5. ELLE m'est rendue,
Elle reparaît;
Je goûte en sa vue
Un nouvel attrait! *Ave...*

6. « Vision chérie,
Source de douceurs;
Mettez, je vous prie,
Comble à vos faveurs. *Ave...*

7. » On demande un gage
A votre bonté;
Rendez témoignage
A la vérité. *Ave...*

8. » Que sur cette épine,
Et sous votre pied,
Une fleur divine
Pousse à l'églantier! » *Ave...*

9. Par un doux sourire
Accueillant ces vœux,
ELLE sembla dire :
Je donnerai mieux. *Ave...*

10. La fleur éphémère
Se dessèche et meurt;
Le cœur d'une mère
N'est point cette fleur. *Ave...*

V

1. « *A cette fontaine*
Allez maintenant;

L'eau dont elle est pleine,
Voilä mon présent. » *Ave...*

2. L'enfant prend sa course
Vers l'eau du torrent (1) ;
Un signe à la source
Ramène l'enfant. *Ave...*

3. Ses doigts de la terre
Déchirent le sein ;
D'humide poussière
Elle emplit sa main. *Ave...*

4. Fontaine de vie,
Qui peut désormais
De ton eau bénie
Compter les bienfaits ?... *Ave...*

5. Et vous dont la terre
Admire le don,
Céleste Étrangère,
Quel est votre nom ? *Ave...*

6. A votre servante
Qui prie à genoux,
A votre voyante
Le cacherez-vous ? *Ave...*

7. Au cœur de sa mère
Quatre fois l'enfant

(1) Sur cet ordre : *Allez à la fontaine...* Bernadette, qui n'en connaissait point en ce lieu, se dirigea vers le Gave ; mais la Vision la rappela, et, d'un geste, lui indiqua l'endroit de la source nouvelle et miraculeuse.

D'une humble prière
Fait monter l'accent. *Ave...*

8. Paraît cette Fête (1)
Où de Gabriel
L'Église répète
L'*Ave* solennel. *Ave...*

9. La beauté rayonne
D'un nouveau reflet;
La Vierge abandonne
Son dernier secret. *Ave...*

10. A sa bien-aimée
L'Apparition
De l'*Immaculée*
Prononce le nom. *Ave...*

VI

1. Sainte Messagère,
Remontez aux cieux,
Et de notre terre
Portez-y les vœux ! *Ave...*

2. *Vous vouliez du monde...*
Et de tous côtés,
Il vient, il abonde,
Il est à vos pieds. *Ave...*

3. Salut, ô Vallée,

(1) L'Annonciation, **25** mars, anniversaire du jour où l'Archange Gabriel salua Marie au nom du Seigneur. C'est ce même jour que Marie a choisi pour nous révéler qu'elle s'appelait l'IMMACULÉE CONCEPTION.

O Trône d'amour,
Où l'Immaculée
A pris son séjour ! *Ave*...

4. Avec son Image,
Avec ses bienfaits,
Ta *Grotte* sauvage
N'est plus sans attraits. *Ave*...

5. La fontaine y coule
Sans jamais tarir ;
Ainsi vient la foule
Sans jamais finir. *Ave*...

6. Pieux Sanctuaire,
Tu les vis présents
De la France entière
Les nobles enfants (1) ! *Ave*...

7. Ta voûte sacrée,
Depuis ce grand jour,
De chaque contrée
A vu le retour. *Ave*...

8. Du Trône de grâce
On sait le chemin ;
Le pèlerin passe
Et passe sans fin. *Ave*...

9. Heureux qui voyage
En ces lieux bénis !

____

(1) Fête du 6 octobre 1872.

On y prend passage
Pour le paradis. *Ave...*

10. Astre salutaire,
Que votre rayon
Nous mène à la terre
De la Vision !

Ave, Ave, Ave, Maria.
Ave, Ave, Ave, Maria.

FIN.

PARIS. — IMPRIMERIE DE E. MARTINET, RUE MIGNON, 2

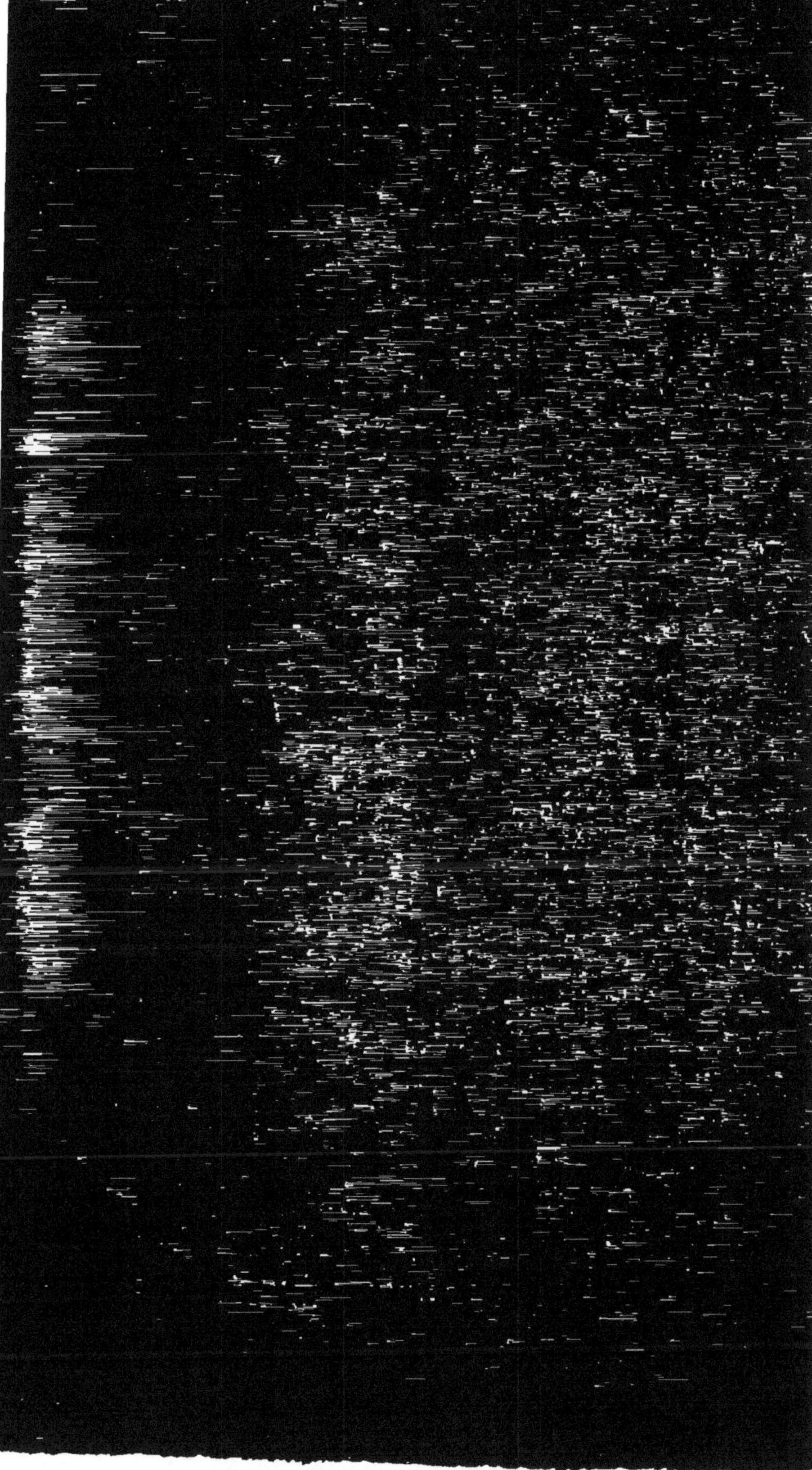

CANTIQUES A MARIE

POUR TOUTES LES FÊTES DE LA SAINTE VIERGE

ET LE MOIS DE MARIE

À UNE OU DEUX VOIX, AVEC ACCOMPAGNEMENT TRÈS-FACILE D'ORGUE OU DE PIANO.

Paroles et musique de M. de BLANCHE

Accompagnement de M. ELWART, professeur au conservatoire

1 volume grand in-8.............................. 3 fr.

Nouveaux Cantiques pour les bénédictions du saint Sacrement et l'Adoration perpétuelle, à une ou deux voix, avec accompagnement très-facile d'orgue ou de piano ; paroles et musiques de M. DE BLANCHE , accompagnement de M. ELVART.

Les paroles seules : In-18..... 40 c.
Les paroles et la musique : Gr. in-8.
3 fr.

Approbation de Mgr l'Évêque de Saint-Brieuc.

« Nous, Évêque de Saint-Brieuc et Tréguier, ayant fait examiner deux petits recueils de cantiques ayant pour titre : l'un, « Cantiques à Notre-Seigneur Jésus-Christ, au très-saint Sacrement de l'autel ; » l'autre, « Nouveaux Cantiques à l'usage des paroisses, des cathéchismes, des pensions et des communautés ; »

« Vu que de l'examen qui en a été fait, il résulte qu'il n'y a, dans ces Cantiques, rien de contraire à la saine orthodoxie, et qu'ils sont propres à réveiller et à fortifier dans les cœurs le sentiment de la foi et de la piété ;

« Vu la demande que nous a faite l'auteur, qui est notre diocésain, d'accorder notre approbation à la nouvelle édition revue qu'il veut en donner ;

« Approuvons lesdits Cantiques ainsi revus, et désirons qu'ils produisent les heureux effets que la piété de l'auteur a eus en vue.

« Donné à Saint-Brieuc, le 7 mai 1858.

« † J. P. PIERRE, Év. de Saint-Brieuc. »

Nouveaux Cantiques à l'usage des paroisses, des catéchismes, des pensions et des communautés, à une ou deux voix, avec accompagnement d'orgue ou de piano, par les mêmes auteurs. — Avec approbation de Mgr l'Évêque de Saint-Brieuc.

Les paroles seules : In-18. 40 c. — Les paroles et la musiq. : Gr. in-8. 3 fr.

Nouveaux Cantiques pour toutes les fêtes de l'année, par les mêmes auteurs.

Les paroles seules : In-18. 40 c. — Les paroles et la musiq. : Gr. in-8. 3 fr.

La musique de ces cantiques est très facile et fort goûtée de tous ceux qui ont essayé de la faire jouer dans les pensionnats ; elle convient parfaitement à la jeunesse. Ces cantiques, écrits soit pour une soit pour plusieurs voix et parties indépendantes, sont avec accompagnement très-simple et extrêmement facile d'harmonium ou de piano. Aucune difficulté d'exécution ne peut arrêter le musicien le plus novice. Messieurs les ecclésiastiques sont à même, mieux que personne, d'apprécier un pareil avantage.

Recueil des Cantiques les plus connus et les plus usuels en l'honneur de la Ste Vierge, suivi de divers cantiques pour les bénédictions du St Sacrement, à l'usage des confréries et des paroisses, sur les airs les plus connus et les plus faciles : 1 vol. in-18........ 40 c.

MOIS DE MARIE EN MUSIQUE

Nouveaux chants pieux en l'honneur de la sainte Vierge, à une ou plusieurs voix, avec accompagnement très-facile d'orgue ou de piano ; paroles de M. DE BLANCHE ; accompagnement de M. A. CHOLET, organiste, maître de la chapelle de la paroisse Saint-Séverin, à Paris.

LES PAROLES SEULES : In-18.................. 40 c.
LES PAROLES ET LA MUSIQUE : Gr. in-8.......... 3 fr.

PARIS. — IMPRIMERIE DE E. MARTINET, RUE MIGNON, 2

9 782329 021249